软文营销实战

让销量倍增的文案写作套路

魏星 王惠婷◎著

RUANWEN YINGXIAO SHIZHAN

SPM
南方出版传媒
广东经济出版社
—广州—

图书在版编目（CIP）数据

软文营销实战：让销量倍增的文案写作套路／魏星，王惠婷著．—广州：广东经济出版社，2018.5
ISBN 978-7-5454-5908-1

Ⅰ．①软…　Ⅱ．①魏…②王…　Ⅲ．①市场营销学-文书-写作　Ⅳ．①F713.50

中国版本图书馆 CIP 数据核字（2017）第 274923 号

出 版 人：姚丹林
责任编辑：蒋先润
责任技编：许伟斌

出版发行	广东经济出版社（广州市环市东路水荫路 11 号 11～12 楼）
经销	全国新华书店
印刷	惠州报业传媒印务有限公司 （惠城区江北三新村惠州报业传媒大厦 1610 室）
开本	730 毫米×1020 毫米　1/16
印张	15.25
字数	191 000 字
版次	2018 年 5 月第 1 版
印次	2018 年 5 月第 1 次
书号	ISBN 978-7-5454-5908-1
定价	45.00 元

如发现印装质量问题，影响阅读，请与承印厂联系调换。
发行部地址：广州市环市东路水荫路 11 号 11 楼
电话：37601950　邮政编码：510075
邮购地址：广州市环市东路水荫路 11 号 11 楼
电话：（020）37601980　营销网址：http://www.gebook.com
广东经济出版社新浪官方微博：http://e.weibo.com/gebook
广东经济出版社常年法律顾问：何剑桥律师

前言
Preface

道理都懂，为什么还写不好软文

许多软文策划者都有这样的经历：绞尽脑汁写了一篇软文，却总感觉不伦不类，连自己都不想再看一眼，恨不得立刻按下“Delete”（删除）键，假装什么事情都没有发生过。

作为一名软文策划者，你是否写过这样让自己尴尬到徒劳无益的软文？试问这样的软文出来之后，靠什么打动消费者？消费者又怎能买账呢？

你是否问过自己这些问题：

究竟什么样的软文标题点击率更高？

为什么我写的软文没人看？

为什么明明别人写的软文不如我写的好，却比我的有热度？

道理都懂，为什么还写不好软文？

……

针对这些问题，我认为你很有必要静下心来，倒杯茶，让我们一起好好聊聊……

与硬广告相比，软文之所以叫作软文，精妙之处在于一个绵里藏针的“软”字。打个比方，在武功秘籍中，软文就像是无影腿（无影掌），可以以柔克刚，克敌于无形之中。

在移动互联网时代，营销者将广告植入软文中，已成为常见的软文营销模式。对于“被套路”这件事，很多粉丝不仅不讨厌，反而显得“心甘情愿”。一旦有一天软文内容里不添加点广告佐料，粉丝都不乐意了。我们一定好奇，这样的软文到底是怎么写出来的？

先来卖个关子，看一下味事达酱油的操作模式：

代言人黄磊（影视明星）拍了一个视频，讲述了很多婚姻的保鲜之道（炫妻狂魔）。在视频中，黄磊认为婚姻需要经营，爱情需要保鲜……

对于他婚姻保鲜的秘诀，我们已经知道了，那么他做菜鲜美的秘诀是什么呢？（众所周知，黄磊是一个暖男、做菜高手。）那就是味事达酱油。味事达酱油想要表达的是：“只榨取 1 次就是鲜，守护只结婚 1 次的初心，也要靠鲜。”

在这个案例中，前面用“一堆”文字向读者描绘了一段美好的婚姻状态，而末尾的神转折，美好的婚姻就如同一口闷了整瓶酱油，这就是常用的软文套路之一。

再例如同道大叔的那篇“十二星座谁的选择困难最厉害”，前面耗费了大量文字，按照排名介绍了十二星座中选择困难的内容，在讲到第三名的时候，出现了一个神转折，巧妙推出了天猫和苏宁的广告。又比如“六神磊磊（自媒体大咖）读金庸”推出了一篇软文“我爱你，爱到愿为了你去学数学”，先用一大段的文字讲述了金庸小说中爱得痴、爱得傻的角色，当我们读得津津有味时，作者来了一个神转折，出现了“水井坊 · 典藏大师版”的信息。这个广告植入，我给它打满分！

无论是在微博还是微信公众号等自媒体中，软文作者往往都有自己的“神”套路，既不伤害粉丝们“脆弱的小心脏”，又能让他们沉迷于软文之中无法自拔，看了好几千字，还会拍手叫绝，不禁发出一声：“这篇文章写得太好了吧！”

事实证明，这些令人着迷的软文，都是有套路的。本书整合了这些套路，献给那些总也写不好软文的人，或者想要成为软文营销高手的人。好吧，说到这里，你先闭上眼睛猜一下，究竟都有些什么套路？尽管猜，猜中一个套路算我输！

本书从软文的概念、意义、优势着手写体，分别引出软文的热身活动、套路模式、故事框架、标题策划、开篇布局、共鸣引发、情景插入、卖点体现、推广手法等内容。每一种模式都有套路可循，呈现出一个完整的软文营销架构，就算你是一个菜鸟级别的软文营销者，也可以在阅读完本书之后，快速成为软文营销高手。

本书采用通俗易懂的语言，结合图片和故事，引用大量成功有趣的软文片段，详细介绍了软文营销的具体方法，尤其是细节上的点拨，更是画龙点睛，可以说这是一本软文界的秘籍宝典，不容错过！

目　录

Contents

第1章

高汤：十里桃花，不如一碗软文汤

软文，是绵里藏针，是暗藏机关，同时，软文也是无形的“鸡汤”，煲好这碗汤，才能在软文营销中获得成功。在煲这碗软文汤之前，我们需要先搞清楚写软文的原材料或基础内容。如软文的概念、软文的功能、软文的载体、软文的要素、软文的思路等，有了这些原材料，才能加火细心熬制。

1.1 你知道什么是真正的软文吗

一个女人漂不漂亮，要看她的脸蛋，而看一个人的脸，最重要的是看她的眼睛。从这方面来看，一个企业的产品吸不吸引人，最主要的是看软文。

软文既要迎合文案人和品牌商的口味，又要曝光于市场及消费者面前，接受审阅。因此，一篇软文写得好与不好，裁决权属于购买的那些用户。

因此，软文的意义就显得十分重大。那么你了解什么是真正的软文吗？软文不是一大堆“产品介绍”，更不是长篇大论。事实上，大多数消费者都处于“低认知模式”，他们或许并不详细了解你的产品，甚至不想了解产品具体的成分、作用，更多的是简单地通过与产品本身无关的外部因素来判断这是个怎样的品牌。这时候，如果你还是一味地推出“产品介绍”或者喊口号，那是不可能吸引用户的。

所以我们必须了解软文的概念，以及真正的含义。

简单来说，软文就是用文字来撰写的广告，它起到的作用是宣传与告知。相对于硬广告而言，软文是由企业的市场策划人员或广告公司的文案人员来负责撰写的文字广告。与硬广告相比，软文最精妙的地方在于“软”，犹如绵里藏针，收而不露，以柔克刚。当读者发现是一篇软文的时候，已经不知不觉地掉入了被精心设计过的软文广告陷阱。

因此，软文追求的是一种春风化雨、润物无声的传播效果。这种以柔克刚的方式，体现出了软硬兼施、内外兼修的特色。所以，无论从哪个角度来看，软文营销都是强有力的营销手段。

了解完软文的基本定义之后，我们还要对所推广的产品有一个深入的了解。明确了软文的概念是什么，才能在撰写软文时一针见血；明确了软文的主题，才能更有针对性地撰写内容。

下面列举几个软文营销的案例。

很多减肥品牌药物的软文是这样的："XXX 减肥真的有用吗？没用才怪！"显然，这是一种自问自答的软文招数。更明显的是，这样的方式要比"XXX 减肥实用帖"更有吸引力。它的软文特点是适用面广，标题精准明确。

再比如："我就是那大明湖畔的 XXX 啊！"一看到这个标题，很多人就会想起《还珠格格》中的那句："我就是那大明湖畔的夏雨荷啊！"这个软文标题可谓是套用经典影视剧台词，让人印象深刻的同时，更回味无穷。人们会带着这种期许去阅读软文。在软文内容中，也可以采取经典对白的方式，例如"甄嬛体""琅琊榜体"等，这种软文方式也可以引起一股热流，吸粉无数。

以上这些软文，从标题上来看，还是比较老套的招数。在互联网时代下，真正高超的软文需要你从标题、开篇、高潮中几乎看不出是企业的推广，最后才恍然大悟。

且来看在互联网混搭时代下的新型软文。在广大年轻人聚集的豆瓣社区，有这样一篇软文——"为什么说情侣一起逛宜家可能会是件伤感情的事情"。虽然标题中有"宜家"，但充满浓浓的吐槽味道，不像正统的软文，因此，很难有人会觉得这是为宜家做广告宣传的文章。在这篇文章中，人们的焦点都集中到"为什么情侣逛宜家会伤感情"。

带着这种疑问和好奇，95% 的人会继续阅读下去：

"情侣在宜家更容易吵架"，在国外社交网络和媒体中，已经不是个新鲜话题了。比如 Twitter 上有各种关于在宜家吵架的吐槽，人们纷纷表示"周六和男朋友一起去逛宜家并不是什么好建议""和对象逛了一趟宜家之后，觉得单身真好"。

临床心理学家 Ramani Durvasula 发现，很多接受治疗的情侣都提到他们在宜家购物时会吵架，回到家组装从宜家买来的家具时也会吵。逛宜家甚至和旅游一样，成了情侣关系的试金石。有人表示："我们去逛了趟宜家，从头到尾都没吵架，逆天了！”关注年轻人的媒体 Buzzfeed 和 Vice 还分别采访了一些情侣，列出了他们在宜家购物这件事上一点就着的吵架问题究竟出在哪儿。

关于情侣们为什么在宜家更容易吵架，心理学家认为，这些问题在任何家居店都有可能发生。只不过宜家是他们中最受欢迎的一个，也是更大的卖场，冲突更容易爆发，所以更容易成为讨论议题。

关于争吵的具体原因，我们发现主要有以下几个方面：

最大的导火索是，你在宜家遇到太多的选择。你很难计算从一次宜家购物的开始到结束要进行多少次选择。

先说产品，仅仅是边桌这种看起来不那么复杂的小型家具，Ikea 网站目前就列出了 30 多种不同类型供你选择。而且决定了款式之后，你还需要做出尺寸、颜色等补充决定。

比如，你们好不容易找到一个颜色样式都喜欢的储物柜，接下来可能就会为买三个抽屉还是五个抽屉的版本而争执不休，就连垃圾桶，也无法就圆口还是方口达成一致。

Science of US 采访的心理学家认为，做选择这件事与某种“自我消耗”有关，过多的选择造成心理疲劳，而如果是两个人一起逛，还要考虑互相迁就妥协，情况就更复杂。而当人处于消极情绪时，会记起更多消极的事情。

在买哪些东西上达成共识还不算结束，宜家在购买后的服务方面也给了消费者充分的选择自由（困扰）。情侣们接下来可能会对“60 元提货费到底值不值”“我们自己安装还是找他们上门安装”……产生争执。

在文中，作者不仅用犀利的语言凸显了“去宜家吵架”的现象，还搬来了著名心理学家作为“铁证”，印证了很多接受治疗的情侣都是因为在宜家购物时产生吵架，从而导致心情、情绪不佳。

于是，接下来作者开始具体分析为什么情侣会因为逛宜家而吵架，更是从心理学家指出的几个点来分析……全文感情丰富，矛盾突出，文字饱满。

人们阅读时，不禁对作者提出的现象赞不绝口，更掉进了作者提前安排好的“宜家陷阱”。

这样的软文才是真正的好软文，迎合互联网时代发展的软文，真正引起人们兴趣的软文。因此，软文的含义、写法、时代感、场景感、矛盾激烈感等都是软文策划者应该把握的元素，也是软文不可或缺的要素。

1.2 软文这么软，到底有什么硬功能

软文是名副其实的“软”，因为有文字作为基础，不像那些硬广告一样“简单、粗暴、直接”，但是软文的“软”是体现在外软，实际上内硬，好似绵里藏刀那样“杀人不见血”。那么接下来我们就来分析一下，软文到底有哪些硬性功能。

1.2.1 让用户更容易接受广告

说起软文的一大硬性功能，就是可以让用户更容易接受广告。现代社会中，广告信息越来越繁杂，用户却变得十分理性，他们不再喜欢那种硬性推销的广告，更愿意自己去寻找所需要的信息。因此，软文的出现恰到好处地给了用户一种接受信息的契机。软文不似硬性广告那样会遭到用户抵触，它能让用户放下防备之心，更容易去接受。

例如，下面这篇软文，主要内容是介绍一款微商护肤品。但是它并没有“简单粗暴”地描述产品（硬性推广），而先是列举了当前很多人因为购买了朋友圈好友推送的产品而受害的案例。

小洁是一位新晋准妈妈，孕期 4 个月的时候，明显看到皮肤蜡黄，素来对美容护肤不感冒的小洁，把这件事告诉了自己的好闺蜜，不曾想……

这位闺蜜是朋友圈有名的微商代理，虽然明知小洁是个经不起折腾的孕妇，然而在金钱的驱使下，还是苦口婆心地向小洁推荐了自己代理的产品，标榜纯天然、无公害，妈妈用了重回 18 岁，爷爷用了返老还童，病患用了起死回生……这样的灵丹妙药，其实是她自己从来不敢用的三无产品。

小洁是无辜的，而更多像小洁一样的受害者，同样无辜。

他们把自己的容颜、健康交给朋友圈这个所谓的“好朋友”，换来的却是一个又一个三无产品，这样的朋友圈，怎么不让人害怕？

为什么我们的朋友圈总是一夜之间变得人心惶惶，为什么有越来越多从未听过的品牌迅速出现？

……

通过这一连串的铺垫之后，最后引出自家的护肤品，这样一来，用户会更容易接受。不仅如此，软文通过文字铺垫、修饰等各种方式，让用户对广告不再一开始就排斥，而是循序渐进，渐入佳境，由被动变为主动去寻求信息线索。

1.2.2 给用户带去更好的阅读体验

一篇优秀的软文，大都具有权威性、专业性和趣味性，只有这样，才能给用户带去良好的阅读享受，让用户在读软文时忘记和忽视广告的存在，全身心地投入其中，因此也更容易获得用户的喜爱，获得良好口碑。

所以，软文的另一大硬性功能就是可以给用户带去更好的阅读体验。

过去我们看一则广告的时候，往往是刚阅读第一行字就已经知道这是厂家的广告信息；但现在的软文则一开始不会让你看出是广告，而是用故事、笑话、悬疑、八卦等方式来吸引你。换句话说，就是先用这些花哨的方式唤醒你的阅读神经，让这根神经兴奋起来，然后再进行广告的灌入。这是一种高级的软文营销方式，同时也是非常有效的广告方式。

1.2.3 成本费用低，承载信息量大

软文还有一个硬性功能，就是软文的成本费用非常低，但它所承载的信息量又是巨大的，因此软文的推广效果就格外好。

众所周知，那些硬广告投入费用很高，所能承载的信息量却十分有限，尤其是纸质媒体、门户网站、APP 上的图片广告，有些甚至只有几行字大小的版面，受版面和字数限制，因此这样的广告无法将广告信息完整地表达清楚（见图 1-1、图 1-2）。

图 1-1　新浪网中的广告版面

同时，在这些媒介上做广告，价格非常昂贵。尤其是门户网站，根据时间段、版面大小、论坛版块等不同，价格也不同，少则几万元，多则达几十万元、上百万元。而且企业花费了时间精力去做这些硬广告，不一定能够取得与花费成正比的效果。

软文广告投入费用就低很多，但所能承载的信息量大，相应的投资回报

率也高得多。首先，软文的发表随处可行，公众号、朋友圈、微博、社区、论坛，只要你注册一个账号，就可以免费发布软文信息。这样一来，成本优势就显著突出。其次，软文的字数很多，可以是几十字，也可以是几百字、几千字。只要你有文采，能抓住用户需求的点，就可以在一篇软文中表达出多层意思，将你的产品描述得绘声绘色。因此，从这一点来看，软文的信息量巨大。

图 1-2　淘票票 APP 中的兴业银行广告

所以，软文的"软"，不代表效果"软"，而是绵里藏刀。真正体现出来的是软文的强大硬性功能——强大的吸引力、酣畅淋漓的阅读体验以及低成本、大信息量，这些都给软文带来了营销上的先天优势。所以，软文的功能不可忽视，我们一定要掌握软文写作的技巧，让软文的功能充分发挥出来，才能在未来多变的营销圈生存下去。

1.3 软文这碗汤不仅大补，还不可或缺

有人说软文是一碗毒药，因为一开始你当它是一碗营养高汤，可是读完发现它是广告，气得你"七窍流血"；但也有人说软文是一碗鸡汤，因为你明知是一篇广告，却被写软文的人打动，被故事感动，最终喝下了这碗营养鸡汤，甚至把它变成了不可或缺的营养。当然，最终的结果取决于阅读者的

心态和写软文的人的技巧和手段。

本节我们主要说的是软文的高汤营养性能，大补的同时更不可或缺。说它不可或缺，是因为它对企业或者品牌而言，软文的营销功效可以起到健体的作用。

1.3.1 文宣功效

笼统地说，任何文章其实都具有宣传作用，然而，就企业或品牌的软文来说，就是宣传该企业的产品或服务，宣传企业灵魂人物的思想、经营理念……当然，对于这一点，地球人都知道，这里就不做太多阐述。

我们的主要问题是，在自媒体时代，没有强中心媒体的去中心化的时代里，如若你的文宣没有创意，不接地气，就像传统媒体时代的软文，仅仅是依靠购买版面，让自己在受众面前被动地曝光，或是仅依靠购买门户网站的标题链接，让门户网站海量的受众去点击，那么你的文宣根本无法到达受众的视野。因为在这个靠社交分享的自媒体时代，没有分享就没有传播。而要大量地被分享，拼的就是写软文的功力。

因此，好软文给企业带来的功效首先就是文宣。软文的文宣功效可谓强大，可以直接让品牌概念深入读者的脑海，让他在看软文的过程中就深深被软文的内容折服，被品牌征服。

1.3.2 广告功效

众所周知，在软文营销运作过程中，很多把广告隐蔽得很好的软文，让用户在读完文章后，不知不觉地被企业营销了，有时甚至不知道自己被“卖”。尤其是该受众之前还不了解软文的广告功效时更是如此。

通常，只有当受众在看到广告性很强的文章时，才知道自己是在阅读一篇广告。然而，之前隐蔽性很强的软文，对受众继续读你广告性很强的软文，却有着很大的助推作用。有时候，之所以能让读者读完你的广告软文，正是因为前面隐蔽性软文做了某些铺垫，起到了作用。

很多人认为广告是没人读的，的确如此。我们都知道有人会因为一篇散文、一个故事、一首诗歌点开去阅读，而一篇硬广告却很少有人去点击。软文的出现，为受众提供了读广告的土壤，也为商家提供了广告营销的机会。

因为你可以将软文包装成为一篇散文、一个故事，这需要你在标题、写作手法上不能表现出强烈的广告性，这就是软文的广告作用。

1.3.3 销售功效

软文具有销售功效。我们在公众号上可以看到很多微商软文总是以标题吸睛，以没有广告身影的理性诉求开篇，最后亮出自己所要销售的产品。要购买就点击图文下方的“阅读原文”等。还有一种微商软文，无须点击“阅读原文”，销售功能直接在软文的相关位置植入个人微信号，让顾客直接加软文作者的微信，进而商谈购买事宜。这都体现了软文的销售作用。

例如这样一篇理财的软文，“如何通过理财让老人的生活更安心”，文章的一开始，作者是这样说的：“理财是一种生活方式，需要每日精进，我作为一名理财思维的身体力行者，记录每天的所思所想，带领大家一起奔向财务自由！”（见图 1–3）

图 1–3 “如何通过理财让老人的生活更安心”软文

接下来，作者带领我们进行思考：“阅读之前不妨思考一下，你觉得老人理财需要关注什么……”

随后作者开始讲述了老人理财关注的点，以及当前理财的复杂和混乱，然后帮助用户如何挑选适合自己的理财项目。其间，通过大量生动的案例和事实来告知用户理财的重要性。

最后，作者推出了自己公司开发的“谱蓝”APP，只要下载这个 APP，就可以轻松理财，保证资金的活力，让理财带来的风险可控，获得更大的收益（见图 1–4）。这篇文章也在短时间内获得了接近 1.2 万次的阅读量，为企业宣传带来了可观流量。

这就是明显的销售功效，因此，软文的“高汤”效果还体现在销售方面，选择合适的文字、方式，就可以将这种销售功效最大化地体现出来，让读者成为买家。

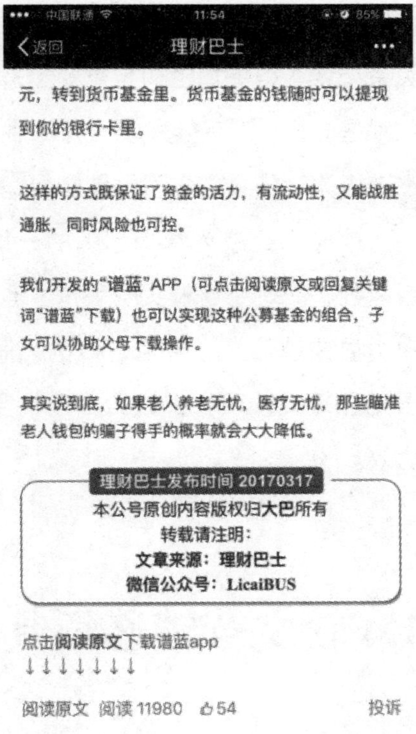
•••• 中国联通 11:54 85%
〈返回 理财巴士 ···

元，转到货币基金里。货币基金的钱随时可以提现到你的银行卡里。

这样的方式既保证了资金的活力，有流动性，又能战胜通胀，同时风险也可控。

我们开发的“谱蓝”APP（可点击阅读原文或回复关键词“谱蓝”下载）也可以实现这种公募基金的组合，子女可以协助父母下载操作。

其实说到底，如果老人养老无忧，医疗无忧，那些瞄准老人钱包的骗子得手的概率就会大大降低。

理财巴士发布时间 20170317
本公号原创内容版权归大巴所有
转载请注明：
文章来源：理财巴士
微信公众号：LicaiBUS

点击阅读原文下载谱蓝app
↓↓↓↓↓↓↓

阅读原文 阅读 11980 54 投诉

图 1–4　软文末尾推出企业的 APP 理财产品

1.3.4 引流功效

软文的另一大功效就是引流。我们以淘宝店为例，店主都知道一件事：如果不做直通车，自己的小铺根本没人关注，想要获得理想的销售业绩，需要不断引流。除了通过一些必要的花销进行引流之外，软文也是一种很好的引流方式。例如可以在自媒体的软文中植入个人微信号、淘宝店铺 ID 号等来实现。

还有一种引流，就是把朋友圈中的人流引到自己的小店上去购买。还可以依靠微信公众号、微博等自媒体来引流。这些方式都可以让软文的引流功效发挥到最大化，也是现代营销不可或缺的。

1.3.5 品牌功效

在传统媒体时代，广告通常是打造品牌的最佳方式，或者至少是打造品牌知名度的最佳方式之一。然而，到了互联网时代，打造品牌与软文的运作关系，就变得更加密切与重要起来。确实，当下社交媒体盛行，一切传播靠的都是分享，没有分享就没有传播，纯粹的广告很少有人去分享。也就是说，在自媒体时代，广告不再是打品牌的主渠道了。

软文已经成为营销品牌的一种重要方式。现在很少有人去争抢遥控器看电视，而是纷纷低头刷手机。他们刷的是什么？是信息，而软文就是其中一类重要的信息。可见，你的品牌传播如果不借助社交媒体，不借助喜闻乐见的软文，不去占领微信朋友圈这个制高点，也就无法起到品牌宣传的功效。

1.4 软文营销必须具备的四大要素

软文营销是当下非常流行，也是最能抓住人心的营销方式，所以很多企业管理者、营销策划者都十分注重软文营销。但是要想让软文营销取得理想的成效，必须清楚软文营销的要素。软文营销通常情况下有四种要素，如果没有这四种要素，软文文字再优美，也无济于事。这四要素分别是：产品、受众、效果、特色（见图 1–5）。

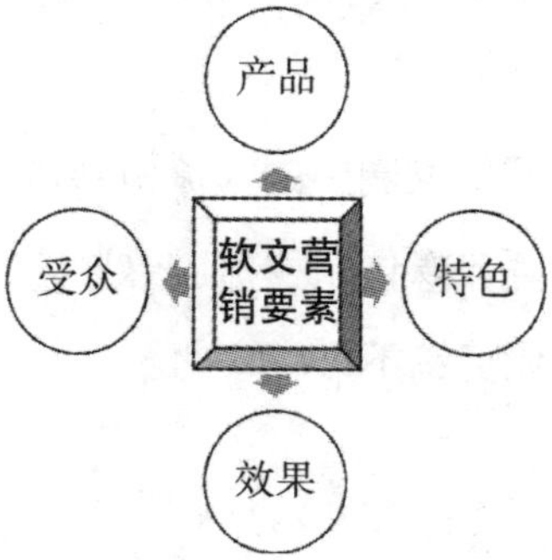

图 1–5　软文营销的四大要素

1.4.1 产品

软文营销最基本的要素就是产品。当然，产品不仅仅是指产品本身，也可以是服务，统指任何你想推广的东西。没有产品的软文就等于没有灵魂，即便文字优美，用户看完之后也只是对你的文章感兴趣，并没有对企业的产品有印象，更不可能实现购买。

因此，产品是软文的灵魂和基础。围绕产品来写软文是最基本的要求，无论你在软文的初始，或者中间，抑或最后映衬出产品。总之，产品是软文营销最不可或缺的元素。

1.4.2 受众

软文营销的另一个要素就是受众。读者和受众并非一个概念，读者可以是受众，也可以不是。为什么这么说呢？例如你写了一篇软文，标题非常吸引人，内容也很精彩。阅读的人可能是白领、蓝领，也可能是学生、老人、全职太太等，然而你在软文中最终体现出的产品却是一款孕妇产品，那么这个读者群中就会有一大部分是无价值的。

因此，首先我们要搞清楚自己产品的受众群体，然后根据这个受众群体来选择软文形式、投放平台、标题选择等。例如，针对孕妇的产品，你的软文在写法上要从孕妇的角度出发，而在投放平台的选择上则要选择孕妇经常去的孕婴网站、微信群、微博等平台，这样一来你的软文营销才会有反响，才会有的放矢。

1.4.3 效果

一场成功的软文营销，自然缺少不了效果。没有效果的软文是称不上软文营销的。但凡叫“营销”，都应该具备营销效果。怎样体现出软文的效果呢？例如可以看一篇软文能给发布平台带来多少浏览量，有多少实际转化量，达成了多少产品交易，等等。

所以，在软文营销的过程中就要秉承效果去做软文营销。想要突出效果，除了以上两种基本要素之外，还要学会在软文中加入一些案例、分析，让更多实用价值的信息映入到读者眼中。用户之所以阅读你的软文，并且对之感兴趣，无非是因为对你软文中介绍的产品感兴趣。所以，一定要抓住受众的心理需求来撰写软文，还要给用户带去阅读软文（或购买软文中产品）的好处，这样才会让你的软文营销产生意想不到的效果。

1.4.4 特色

一篇成功的软文，还需要具备一个特别的要素，那就是特色。如果都是千篇一律的软文，效果就会平平，也没有特色，没有特色就关注度和传播度低。因此，软文需要具备特色要素。

那么如何让软文有特色呢？首先软文策划一定要有创意，比如加入图片、视频等方式，文字上要用一些搞怪的方式来展现等；其次，文章的形式要不拘一格，要大胆突破传统，用新鲜好玩的方式来展现软文；同时，在内容上，还要展现出你的产品特色。这样用户在阅读时，才能感受到你的软文不一样，被你的软文创意和特色吸引。

1.5 用什么思路才能熬出高汤软文

写软文是一个技术活儿，许多自媒体运营商或者文案新手往往无从下笔，写出来的软文总是十分混乱、零散。自己本来想要表达很多内容，但是读者在阅读时，却无法捕捉到信息。对于这样的软文，自然不可能产生很好的效果。因此，写作软文的思路很重要。

思路选对了，才能熬出一碗高营养的软文汤。下面来介绍几种写软文的思路，这些思路，可以让你写作软文的功夫上升到更高的境界。

1.5.1 如何让人看了你的软文就被吸引

第一个思路就是如何让人看了你的软文就被吸引。根据这一点来布局软文，这要求我们必须了解和分析读者的痛点，还要展现出看这篇软文的好处。当然，我们一定要记住，软文只是你和读者进行沟通的工具。在沟通时，你必须在最短时间内吸引对方，然后对方才会进一步和你“沟通”。

因此，在软文写作中，我们不要先讲自己，要先分析对方的问题和痛点。这时候，读者会很快从你的软文中找到情感的共鸣。此时就会帮助你获得读者的认可，读者也会有兴趣地深读下去。然后，你再罗列一些能够给读者带来的具体好处，这样的软文就会更吸引人。

例如雅居乐房产软文一上来是这样的：“父亲 70 岁，儿子 10 岁，为谁活？惦记老父亲的老寒腿，也要惦记儿子的小升初，长期奔波出差在外，家都成了空巢……上司 40 岁，下属 30 岁，事业到头？兢兢业业 10 年，上司比我大 5 岁，下属比我小 5 岁，尴尬！”

显然，雅居乐这个软文将矛头指向了正在奋斗的 35 岁左右的男人所面临的几道关卡，家庭、事业、爱情……

而雅居乐的“十里花巷”则在此问题之后送上了一份温暖的关怀——“疼你的墅”，可谓是直戳痛点的同时，又引起共鸣，因此这篇软文必然是十分成功的。

1.5.2 如何让人看了你的软文就关注产品

第二个思路就是如何让读者看了你的软文就关注产品。我们先来分析一下，软文之所以让读者感到非常散的两个原因：

（1）没有一个框架逻辑结构；（2）不懂在排版中做留白处理。

想象一下，假如你的软文一上来就是密密麻麻的十几段文字，读者一眼看上会觉得很晕，产生疲惫感。每段文字恰恰又非常长，读者就更加难以阅读下去。

因此，要想让读者通过看你的软文进而去关注产品，必须有一个逻辑结构上的安排。有了逻辑结构，即便你写的软文是专业内容，也不会让人产生疲惫感。

其次就是排版设计中的留白。在纸质媒介的时代，因为版面很有限，所以软文堆积，十几行才换段。然而到了互联网时代，这样的软文已经不吃香。最好的方式，软文每段不超过 3 行，必须采取多换段，并且要留白，空一行再继续写。互联网的空间大，学会留白，能提高阅读者的舒适感，如此你在软文中呈现出的产品也才容易被读者看到。

如右图这篇枕头品牌的软文（见图 1-6），排版非常简洁，逻辑结构也很清晰，而且最重要的是，这篇软文懂得留白，读者阅读起来十分有节奏感，不会感到疲惫。

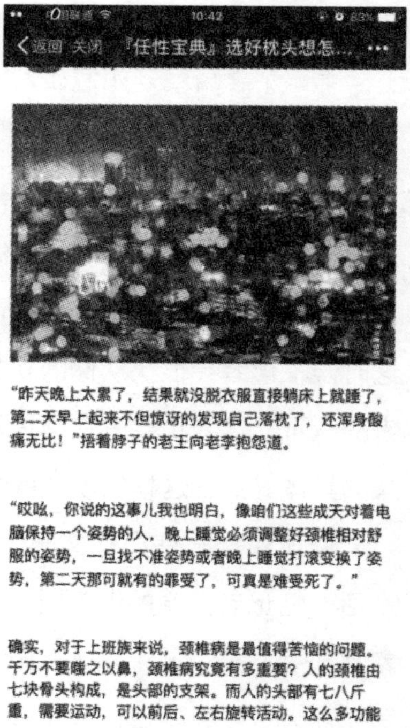

图 1-6　枕头品牌软文的空白处理

1.5.3 如何让人看完你的软文就帮你转发

做好软文营销还有一个重要的思路，那就是让人看完你的软文帮你转发，这也是传播的一个概念。很多软文高手一致认为，评判一篇文章的好坏，主要有两个标准：浏览量和转发量。

软文的转发量越大，说明你的软文越受欢迎。那么如何才能让一篇软文有较大的转发量呢？

有 3 个非常有效的方法（见图 1-7）：

（1）暗示用户转发。

即便你的软文写得再好，结尾如果不出现暗示的内容和信息，绝大多数读者都不会有转发

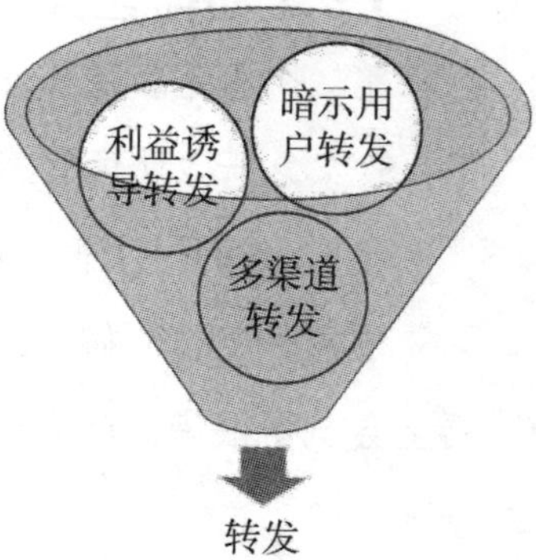

图 1-7　软文转发的方法

的意识。因此，你需要稍微暗示一下，让那些喜欢你软文的人可以转发到微信朋友圈、微博、QQ 空间等地方。

（2）给用户好处，诱惑用户转发。

比暗示更立竿见影的方法，就是直接诱惑用户转发。这需要你给用户一些转发的利益，这样转发量也会极大，例如你可以在软文结尾时这样写："请将此文一键转发到你的微信朋友圈，然后留言写下你的心得，小编会抽送5本神秘画册给转发者。这5本画册的名字小编就暂不透露，保证你收到之后会爱不释手。"

（3）多渠道发软文。

前面两招用好了，可以让你的文章增加几十个甚至上百个转发是没有问题的，但是如何才能让你的软文转发量过万，甚至更多呢？这需要你有多个热门渠道去发软文，然后会有大把人帮你转载。

1.6 让软文汤形成传播力，让人人都喝得下

一篇好的软文，往往能够达"10万+"甚至"100万+"的阅读量。当然，这需要病毒式传播才能让它彻底热起来。

软文写得好，只成功了一半，如果没有大范围的传播，软文就热不起来，就会逐渐变冷，被遗弃。因此，软文的传播是很重要的，只有形成足够的传播力，软文才会被更多人阅读和转发，你的软文营销才会有成效。

那么，到底有没有一种思路或者套路，可以让软文成为转发的热点呢？答案是有，具体如下：

（1）了解受众群体。

软文之所以被转发，是因为有人在转发，这部分人就是读者，也就是软文的受众群体。因此，我们必须先了解受众群体。

通常情况下，阅读软文的受众群体有两大部分：

①长期上网并且有一定购买力的网民（软文传播主要依靠网络途径）；

②有一定教育程度的网民（接受过中、高等教育，有一定审美能力）。

综上两点，我们可以大致确定受众群体多在 80 后、90 后群体。这个群体普遍喜欢上网，并有强大的购买力，他们喜欢的文化也逐渐成为社会的主流文化。因此，确定了受众群体之后，再去研究他们的喜好，这是写软文的一个基本逻辑，也是获得传播的基本套路。

接下来就要了解这些受众群体喜欢什么。很显然，每个人都有不同的爱好，喜欢不同领域的事物。但我们可以肯定一点，他们喜欢的东西绝对不是简单、粗暴、毫无情调的东西。因此，在写软文时，要着重分析受众的喜好，然后才能写出让他们感兴趣的软文。他们觉得有趣，并且认可你，自然会帮你分享，形成病毒式传播。

（2）生活化的软文最有传播力。

事实上，软文分为两类，第一类是为了给品牌做公关，不宣传具体的产品；第二类是希望通过软文销售具体产品。

在这里我们主要讲的是第二类，也是网络上见到最多的一类。这一类软文的首要元素是“生活化场景”——从产品的使用情景出发，去构想故事背景。从使用情境出发，最容易让消费者产生兴趣，或感同身受。例如，华为 Mate 7 的软文就很好地体现了这一点，作者突发奇想，用猫的指纹做解锁指纹：

一天晚上，我在无聊地玩手机，猫跑过来。我突然想，可不可以用猫的指纹设置手机的密码呢？因为我的手机是可以刷指纹解锁的那种，在手机的背面有一个刷指纹的地方……

这篇软文很长，但是由于图文并茂，并且内容贴近生活，文字幽默搞怪，在微博上被转发了 17 万次之多，可以说是非常成功的一次软文营销（见

图 1–8）。

手机是人人必备的产品，在这篇软文中，整个故事中谈到的“锁屏”“支付”“充电”，都是每个消费者使用手机的时候会遇到的问题，这就是“生活化的场景”运用。对软文来说，“生活化场景”就是具体体验。加入生活化的场景体验的软文，写的是人们都关心的内容，也必然会引起人们的关注和转发。

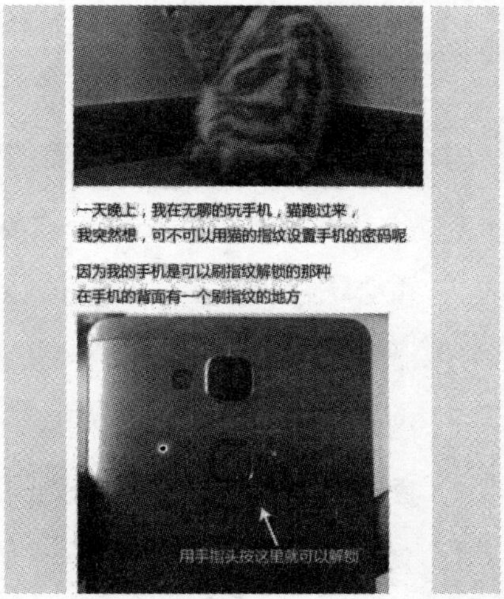

图 1–8　华为 Mate7 软文

（3）主题有情感。

软文的主题不一定是具体的事情，也可以是一个方向或基调。在当前这个娱乐化的年代，扯皮、搞怪、萌化、物品拟人化，往往最能引起消费者的关注。除此之外，有些软文主要内容是讲情感纠葛的，可能是“第三者”，也可能是背叛、分手、婆媳关系的故事，这种软文的主题就非常情感化。还有一些软文讲的是人生、旅行、寻找自我的经历经验，主题可能就是“选择”或“梦想”，从某种意义上来说，这也是一种情感共鸣。有情感共鸣的软文主题，才会引起人们的关注和转发。

（4）有痛点或者“high 点”。

软文想要获得较大传播，还应该有直戳人心的“痛点”“high 点（兴奋点）”，满足消费者内心的各种需求。从读者的实际问题出发，一直钻到读者的肚子里，做懂他的蛔虫，让读者认为没有人比你更懂他。通常，软文的这种痛点或者“high”点就决定了软文是否能够被广泛接受、喜欢和传播。这也是最考验软文作者实力的一个元素。

（5）体现出高价值。

一篇能被广泛传播的软文，不只体现在作者的才华上，更体现在内容的价值上，意思就是能让读者感觉到文章很有用，能给读者带去有不少实际价值的信息。例如有一篇口才培训机构的推广软文：“从‘汪涵神救场’学如何应对突发危机”，这样的软文一定会获得广泛传播，因为读者认为有用，有收藏或者传播给更多人看的价值。

再如名创优品的一篇软文，“湿气重必吃它，痰多、头脸油腻要吃它，水肿肥胖更要吃它”，从标题上可以看出，这是一个人们常见的问题，所以会引导读者去阅读，去寻求方法（见图 1–9）：

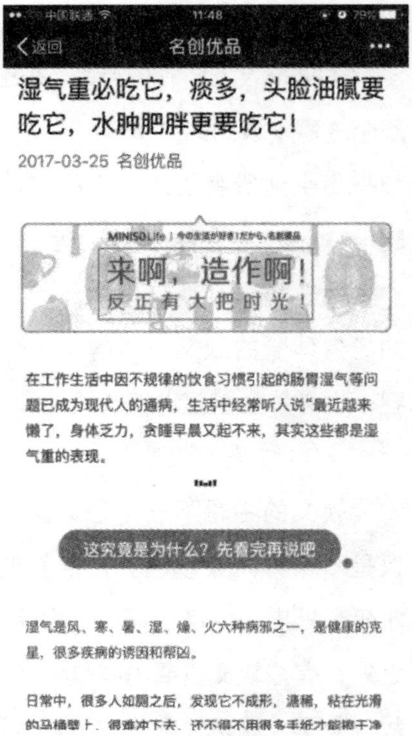

图 1–9　名创优品软文

在工作生活中，因不规律的饮食习惯引起的肠胃湿气等问题，已成为现代人的通病，生活中经常听人说“最近越来懒了，身体乏力，贪睡，早晨又起不来”，其实这些都是湿气重的表现。

这究竟是为什么？先看完再说吧。

湿气是风、寒、暑、湿、燥、火六种病邪之一，是健康的克星，很多疾病的诱因和帮凶。

日常中，很多人如厕之后，发现大便不成形，溏稀，粘在光滑的马桶壁上，很难冲下去，还不得不用很多手纸才能擦干净屁屁；如果是在周末，他们费力地上完了厕所，还继续赖床不起；如果你再继续观察下，他们多半伴有嗜睡、困乏无力、满脸油光、浑身黏糊糊等症状……

文章最终引出解决这些问题的方法和所需的产品，这些方法对读者来说十分有价值，所以本着这一点，读者也会去收藏和广泛传播。

因此，在软文中要尽量体现出对读者有实际用处的价值和好处，这样才会让他去传播，给软文带来较高人气和更多流量。

第2章

热身：没有准备的软文注定是孤独的

在进行软文营销之前，要学会软文的操作手法。操作的前提则是热身，热身包括了解受众目标、掌握行业趋势、挖掘主诉素材、了解各大平台软文体、熟知软文的文字范儿，这些基本前提是一个优秀的软文营销者必备的基本功。

没有准备的软文注定是孤独的，没有用户阅读，更没有转发和传播，这是每个软文操作者都不希望看到的。

2.1 不清楚目标受众，软文就不够精准

有时候在进行软文营销时，时常会遇到这样的问题：费尽心思写出来的文字，虽然看似头头是道，宣传效果却没有预想的那般美好，问题到底出在哪里呢？

当你被这个问题困扰时，不妨想想你是否定位好了消费群体。

软文营销就像做广告一样，你必须要确定自己的产品所对应的消费群体是哪些。在确定了目标人群之后，你才会有一个清晰的写作脉络，这时，你的软文才有的放矢。

例如：你要做一个品牌护肤品的软文营销，有必要搞清楚这个护肤品的目标用户是女性还是男性呢？或者要明白针对的人群是年轻群体还是老年群体呢？只有在你了解了产品的消费群体后，才能确切把握软文的角度和形式。这样，你写出来的软文和目标用户之间才会产生强烈的共鸣。

2.1.1 全面了解产品特点

想要软文写得够精准，了解产品特点是必要的。好的软文像一个会传播的导购员，它能够把商家想对消费者说的话，精准地表达出来。在导购过程中，如何介绍自己的产品，这就是软文信息需要表达的问题。

如上面所提到的，要做好一个品牌护肤品的软文营销，首先，你先要了解这个护肤品牌的特点。那么，如何了解你的产品特点呢？我们用表格的方式具体分析一下（见表 2–1）：

表 2–1　全面了解产品信息

出厂日期	出厂的时间
具体功效	比如保湿、嫩肤、美白、祛痘等

续表

生产成分	采用有机的，还是纯天然的
适用人群	具体人群，比如年轻女性
禁忌人群	比如皮肤敏感者不宜使用
保质期	有效时间

全面了解产品的特点，正是定位消费群体的一个前提。只有全面了解了产品特点，你才能够更好地定位消费群体。

2.1.2 明白哪些人对产品特色有需求

我们以脑白金的广告为例来具体分析一下：

“今年过节不收礼，收礼还收脑白金”，被评为中国十大“恶俗”广告词之一。但是这种“恶俗”的广告词，却被深深地印在每个人的脑海里，由此可以看出，脑白金营销团队花费了很大的心思。

营销天才史玉柱为了撰写脑白金广告词，曾在脑白金推出初期，经常去公园、市场等老年人聚集的地方做调研，与公园里的老人聊天。脑白金是老年产品，但是，因为价格太贵，许多老年人舍不得自己花钱去购买，而他们的子女为了孝敬父母却愿意花这个钱。了解到这种情况后，史玉柱得出结论，要想卖出脑白金，不能只跟老头老太聊天，主要的是跟他们的子女沟通（见图 2–1）。

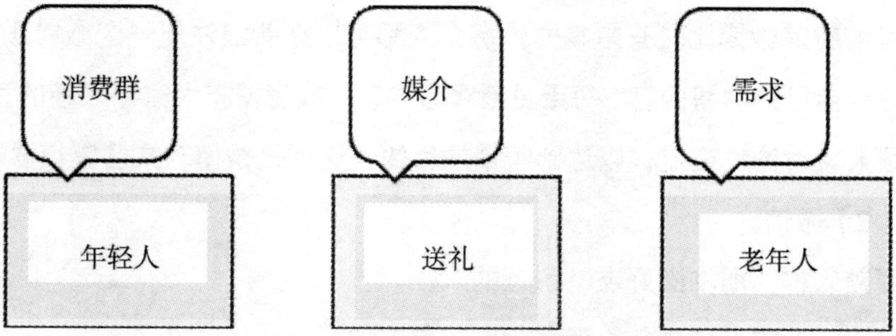

图 2–1　分析哪些人对脑白金产品特色有需求

“今年过节不收礼，收礼还收脑白金”，短短的一句话包含着满满的亲情。广告中说到的“收礼”二字，就使年轻人在潜意识里将脑白金与孝敬长辈紧密连接在一起。

2.1.3 明白软文展示的渠道覆盖哪些人群

一篇精心撰写的软文，如果很难推广出去的话，那么，作为软文策划者定会很不甘心。今天，我们给大家总结了一下常用的软文推广渠道。通过软文推广渠道，了解渠道覆盖哪些人群，你就可以更有效地把自己的品牌推广出去。我们用图表的方式具体分析一下（见图 2-2）：

微博	微信	博客	论坛
•覆盖人群：微博粉丝	•覆盖人群：朋友圈好友、附近的人	•覆盖人群：具有一定影响力的人	•覆盖人群：各行业的人

图 2-2　软文展示的渠道覆盖哪些人群

（1）微博。

覆盖人群：微博粉丝。

特点：人群偏学生化、青年化。

用户属性：一般多为学生族，年龄以 15—25 岁居多。活跃人群年龄一般是 15—20 岁。以生活、娱乐、游戏资讯为主要关注点。

目前新浪微博比较有影响力。每个人都可以在新浪注册一个微博账号，然后更新自己的微博内容。每天更新精彩内容，或者发布大家感兴趣的话题，可以跟大家讨论、交流，以达到营销的目的，这就是微博软文营销模式。

（2）微信。

覆盖人群：朋友圈好友、附近的人。

特点：人群偏中青年，使用相对简单方便。

用户属性：一般多为上班族，年龄以 25—50 岁居多。活跃人群年龄一般是 25—45 岁。关注者多为高黏性用户。

用户注册完微信账号后，可以与周边同样注册完的“朋友”形成一种联系，商家可以通过提供用户所需要的各种信息，来推广自己的产品。微信所拥有的用户群十分庞大，他们可以借助移动终端、互联网络、个人社交、社群分享等，使每条信息都可以推送出去，让每个个体都能接收到信息，这种软文可以帮助商家实现精准化营销。

（3）博客。

覆盖人群：具有一定影响力的人。

特点：一般以女性为主。

属性：年龄大多在 18—35 岁之间，本科学历占多数。

在使用博客时，我们要挖掘一些在行业内具有影响力的博客平台，通常软文在这些平台上会比一些门户网站的第三方博客效率要高。

（4）论坛。

覆盖人群：各行业的人。

特点：人群偏中青年。

属性：以上班族为主，年龄在 30—40 岁居多。

通常一些行业性论坛，因在行业中的地位，在这些论坛进行软文营销，其内容更具权威性。例如，房地产行业的搜房网论坛、安居客论坛等。

2.2 不掌握行业趋势，软文就失去方向

随着互联网技术的发展，软文营销已成为网络推广的重要环节。一篇软文要想有好的营销效果，作者必须具备一定的行业经验，洞悉行业市场背景。只有充分了解了行业发展趋势和市场背景，写出来的软文才有充分的说服力。

2.2.1 你需要成为一个“营销总监”

为什么要成为一名“营销总监”呢？一个成熟的营销总监可以全局观测市场，可以从市场的角度去分析行业趋势，并能准确把握住企业的营销大方向。软文营销也是如此，只有具备营销总监的眼光，才可以全局把控软文写作，让软文营销更加有效。

我们以男性护肤品为例：

在我国，截至 2016 年年底，男性占总人口的 51.63%；女性占总人口的 48.37%。从男性所占比例看，男性护肤品市场将占市场总量的 40%。

当我们了解这一情况后，首先要做的就是对这个市场进行具体分析：

（1）确定目标市场，做好定位。

从数据来看，男士护肤品在中国市场正处于导入期。很多男士对护肤品的需求不是很强烈。这时候，我们可以采用短期广告战略和初期广告战略结合的方式，一方面可以扩大我们的产品知名度，另一方面可以对消费者进行导入。

（2）市场环境分析（SWOT 分析）（见图 2–3）。

优势分析（S）：目前我国男士护肤品市场还未开发，市场潜力很大。主要集中在 25—40 岁之间的男士，一般收入较高，具有购买力。

当我们在创作软文时，一定要考虑到我们的产品市场优势，突出产品的市场优势，让消费者更具体地了解产品优点，促使消费者产生购买欲望。这样你的软文写作才有的放矢，正中消费者的“靶心”。

劣势分析（W）：目标主要是男士，大多数男士对护肤品使用观念不强。

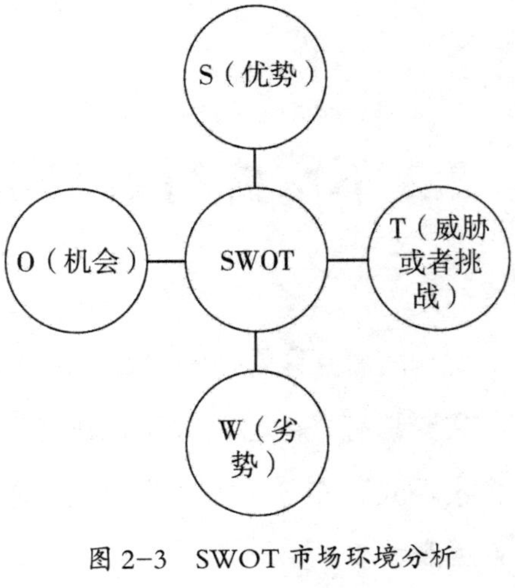

图 2–3　SWOT 市场环境分析

针对这种情况，我们在写软文的时候，可以通过对比，突出表现使用护肤品对消费者的好处。软文的文字不要太华丽，也无须太震撼，因为最能打动人心的，往往还是家常话。

机会和挑战（O\T）：正因为有上述男性护肤品市场的优势和劣势分析，我们才能清楚地把握男性护肤品在市场中的机会和挑战。那么，作为男性护肤品牌，可以采取什么措施来引发用户购买，这是重点。

把握了营销总监的角度之后，结合 SWOT 市场分析法，软文策划者就可以有一个清晰的市场轮廓，为未来软文营销的成功打好坚实的基础。

2.2.2 做好竞争对手调查，扬长避短

要想写好软文，掌握行业发展趋势，做好竞争对手的调查十分有必要。扬长避短，知己知彼方能百战不殆。到底该如何了解竞争对手呢？（见图 2–4）

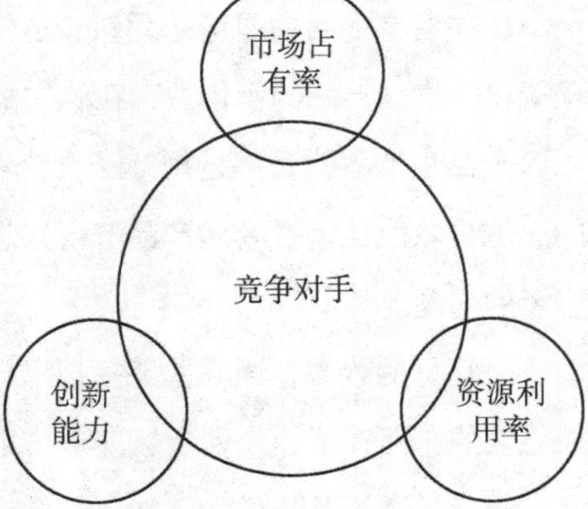

图 2–4　做好竞争对手调查

（1）市场占有率分析。

市场占有率通常是指企业的销售量与市场总体容量的比例，市场占有率分析其目的是为了了解竞争对手在市场上所处的位置。分析竞争对手的市场占有率，不仅要分析该竞争对手在行业中的市场占有率，还要分析细分市场的市场占有率（明确竞争对手的市场区域）。

（2）资源利用率分析。

通过资源利用率分析，可以找出与竞争对手在资源利用率上的差距，分析造成差距的原因。然后有针对性地改进，提高资源利用率，降低成本。

（3）创新能力分析。

提高与竞争对手博弈的竞争力。对竞争对手创新能力的分析，可以从其

推出新产品的速度入手。推出新产品的速度是检验企业科研能力的重要指标。通过对竞争对手创新能力的分析，可以找出我们在创新方面存在的差距，以提高我们的创新能力和竞争水平。

没有准备的软文是孤独的，只有掌握行业趋势，做好竞争对手调查，你的软文才会有价值，才不会失去方向。

2.3 不明白消费者的需求，软文写的便全是废话

软文营销的目的是为了用较少的成本，吸引消费者的眼球，提高产品的美誉度，增强产品的销售力，在软文的影响下引导消费者购买。

产品生产者的目的是把产品卖给消费者，同样这也是我们软文写作的目的。怎样才能让消费者对产品产生兴趣呢？这是我们在软文写作的时候需要思考的问题。

一篇好的软文，通常能够挖掘出产品的卖点，能够挖掘出消费者内心深处想要的东西，能让消费者读完产生购买欲望。对于消费者来说，产品的卖点在于能够满足其物质和精神上的需求。所以，在进行软文写作时，首先要明白消费者需要什么。只有了解了消费者需求，你的软文才不会全是废话。

2.3.1 深入消费者群体中间

如何才能了解消费者的真实需求呢？首先，你需要做的就是深入消费者群体，全面了解消费者需求。例如，宝洁公司就是这么做尿不湿的。

宝洁公司被誉为美国面向市场方向做得最好的公司之一，其经营理念是寻求和明确表达消费者潜在需求，婴儿尿布的开发就是很好的例子。从产品确定到研发，宝洁公司通过反复的市场调研，不断的现场试验，充分了解客

户需求，根据客户需求不断改进产品，最终成功推出“娇娃”尿不湿。直至今日，“娇娃”尿不湿仍然是宝洁公司的头牌产品。

宝洁公司开发一次性尿布始终是一个了解消费需求，适应消费需求的过程。通过直接的市场调研、现场试验，深度了解客户的需求，通过潜在客户的反映和建议来改进产品，使得宝洁公司成功占领了美国婴儿用品市场，为宝洁公司带来了高收入。

在了解客户需求、适应消费需求方面，宝洁公司是一个很好的例子。同样，在软文写作中，这种方法也十分受用。

例如，有这样一篇微博软文“有一种生活叫养生谷”，软文中写道：“世界很大，而我们最终都想回到一个地方，那个地方像是心灵小镇……”

该文章是富力公司针对在惠州南昆山的养生项目，与乐居网联手策划的。鉴于北方不少城市频频出现的空气重污染红色预警，富力公司提倡回归自然生活，这篇是对富力公司养生谷的宣传软文（见图 2–5）。

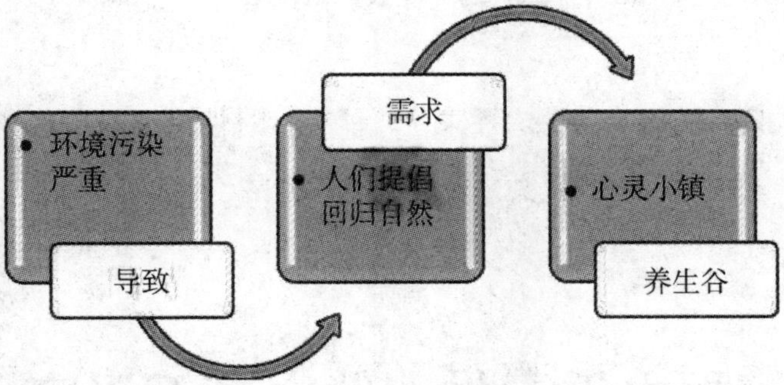

图 2–5　养生谷深入消费者群体做文章

富力公司针对消费者的需求，推出富力养生谷项目，让消费者的需求得到满足。这篇软文在微博引发了 1.2 亿人次的关注，其营销效果十分突出。

所以在写软文时，深入消费群体，了解消费者的需求是多么重要。再比如，在写家装网站软文时，消费者需要的是一整套完整解决装修、装饰的方案，主要包括三个阶段：装修前、装修中、装修后，我们在写软文时就必须考虑到这三个阶段。可以站在消费者的角度，用装修日记的方式记录我们是如何通过家装网站完成这个过程的，最后达到了怎样的效果等。

2.3.2 亲身试用产品

在深入消费群体之后，我们还需要亲身试用产品，并在软文中加入我们的体验和用户的关注点，这样才能给消费者留下好印象。

例如，随着经济的快速发展，人们的需求也不断提高，于是，各种各样对身体有益的保健品腾空而出。产品越多，消费者就越难抉择。很多消费者在购买产品时都存在这样的顾虑：产品好不好用，效果是否明显，会不会有副作用，等等。这些通常会使消费者在购买产品时犹豫不决，最后导致对产品的不看好。

针对消费者这一心理，在销售商品时我们可以加入亲身试用这一环节。消费者想要的是效果，我们就把最好的效果展示给他们，让消费者亲眼看到产品的效果，消除消费者的顾虑，让他们放心购买。

这种方法不仅能让消费者更加信服，还能让消费者感觉到产品的真实效果。

总之，只有了解了消费者需求，才能有针对性地介绍产品，投其所好，这样销售才能成功，你的软文才能充分体现它的价值。

2.4 不挖掘主诉素材，软文毫无深度

很多人在写软文的时候不知如何下手，写出来的软文毫无深度。就好比当你在向消费者推销产品时，消费者只看到你的产品包装，并未看到你的产品。

素材对于一篇软文来说是十分重要的，每篇软文支持的中心思想都是靠素材来支撑的，通常素材是扶持作者论点的重要依据。比如，一篇文章要阐

述“失败是成功之母”的观点，那么，我们就要用一些素材来支持这一观点。例如：爱迪生为发明电灯试验了 6000 多种材料，富兰克林曾多次冒着生命危险去做捕捉雷电的实验才发明避雷针等，这些都是很好的素材。只有善用这些素材，在文章中我们才能更有力地阐述自己的观点，引发读者共鸣。

所以，当你在写软文的时候，找准素材是很有必要的。下面，我们就来解析一下如何挖掘软文主诉素材。

2.4.1 做一个产品 Geek

现代 Geek（极客）是指在互联网时代下一群以创新、技术和时尚为生命意义的人，这群人不分性别、不分年龄，共同战斗在新经济、尖端技术和世界时尚风潮的前线，共同为现代的电子化社会文化做着自己的贡献。

同时，这批人往往具有创新意识和独特的眼光，并对各种事物都想了解清楚，想知道更多的细节。这种精神我们称为极客精神。

软文写作也需要这种极客精神。因为只有具备了这种精神，写出来的软文才有深度，也更能吸引现代互联网思维下的用户。

例如推广一款品牌衣服，你不仅需要详细了解该产品的款式、质地、材料、工艺、售价等，更应该清楚这款产品在现代化

【新品发售】Hello Kitty X tanni 秋冬第一弹：亲子装温暖呈现

2017-08-25 tanni

今年春夏，经典形象 Hello Kitty 客串到 tanni 花型中， Hello Kitty X tanni 带我们回到了童年，开启了少女心的梦。这个秋天，tanni 将为你带来更多 Hello Kitt 合作款的美衣，让我们共同延续这一份关于 Hello Kitty 少女的记忆。而其中的重头戏亲子款，更是可爱再升级！

谁说宝贝开学了就不能郊游？会生活的你可一定不能错过初秋这个郊游最好的时节！带上宝贝全家出行，飒爽的秋风配上清新的小裙子，一定能让你和你的宝贝成为公园中最可爱的母

图 2–6　tanni 亲子服装软文

互联网思维下具备的时尚、创新含义。这包括在这款产品中体现出来的个性化、概念化、情怀化等。我们来看知名品牌女装 tanni 的一篇软文"'新品发售' Hello Kitty X tanni 秋冬第一弹：亲子装温暖呈现"——

今年春夏，经典形象 Hello Kitty 客串到 tanni 花型中， Hello Kitty X tanni 带我们回到了童年，开启了少女心的梦。这个秋天，tanni 将为你带来更多 Hello Kitt 合作款的美衣，让我们共同延续这一份关于 Hello Kitty 少女的记忆。而其中的重头戏亲子款，更是可爱再升级！

谁说宝贝开学了就不能郊游？会生活的你可一定不能错过初秋这个郊游最好的时节！带上宝贝全家出行，飒爽的秋风配上清新的小裙子，一定能让你和你的宝贝成为公园中最可爱的母女！

这是一篇介绍 tanni2017 年秋季最新款亲子装的软文。文中一开始就给人带来了与众不同的个性化信息，把 Hello Kitty 这个形象融入 tanni 的服装设计中，体现出了服装界中的"跨界"特色和风采，给 tanni 的用户带去了更多的探索空间和"兴奋"。所以，当你在挖掘软文主诉素材时，做一个产品 Geek 是很有必要的。

2.4.2 掌握企业产品的深度资料

在挖掘软文主诉素材时，你需要掌握企业产品的深度资料。例如有一篇"钢琴中的极客"的软文是这样写的：

老家的表姐来电，说儿子六岁，要学钢琴了，问我一万多买台珠江的立式钢琴怎么样。我说不考虑"电钢"（电子钢琴）吗？她说，儿子的音乐老师讲电钢会"弹坏手"。（见图 2-7）

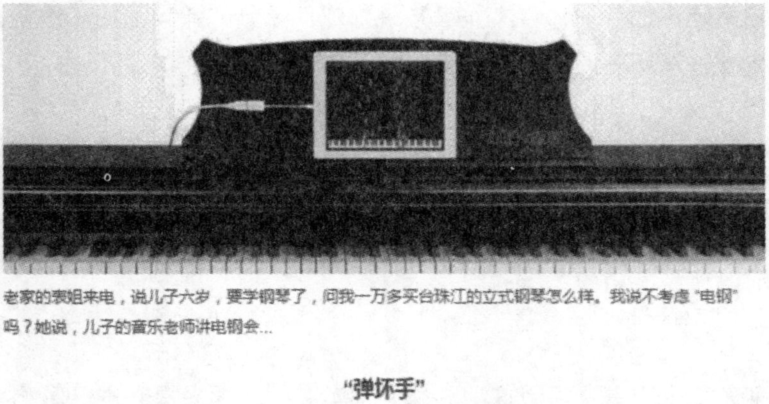

图 2-7　软文"钢琴中的极客"部分内容

接下来，软文作者讲述了电子钢琴的发展史，引出智能钢琴"GEEK 1S"。再从钢琴的外观、设计、配件、产地、包装、材质等进行介绍，让消费者深入了解产品（见图 2-8）。

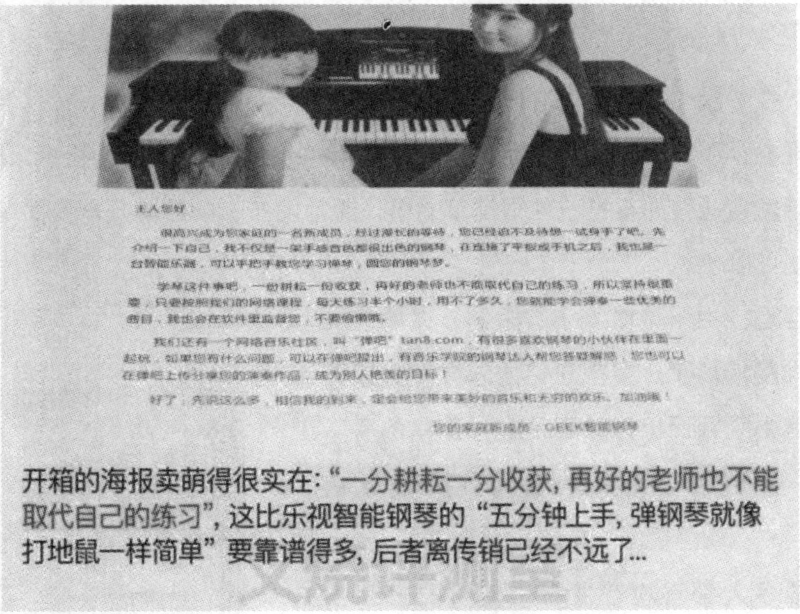

图 2-8　软文"钢琴中的极客"部分内容

介绍完硬件部分后，软文作者又讲到软件部分“弹琴吧”。这些都需要软文写作者对产品的资料有深入的认知才行。

2.5 不了解各大平台的软文体，软文会很 Low

很多人都想用软文营销这种既简便又实在的方式来提升产品影响力，给消费者留下好印象。但是，我们都明白，软文营销是以文章为载体，有很强的隐蔽性，仅凭这几百字乃至几千字就想有好的效果，并不容易。

要想你的软文充分发挥它的作用，其中有个工作一定要做，就是你需要了解各大平台的软文体特征。当你了解了这些后，你的软文才不会显得格格不入，你的软文才会被消费者认同。

下面具体介绍一下平台软文写作技巧。

2.5.1 微博软文要时尚、流行

现在，微博营销已经成为个人或企业喜欢的一种营销方式。很多人认为，在微博发布一些内容是一件很简单的事，通常发布一条微博只需要简单构思一下就可以了。

但是，由于微博上字数限制，微博软文写作的难度增加了。要想让你的软文在数以万计的微博中脱颖而出，并不是一件简单的事。在这里，我们总结了微博软文的写作技巧：时尚、流行。

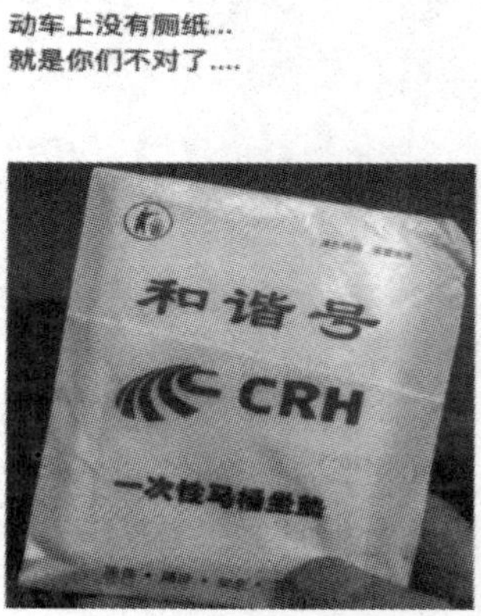

图 2-9　微博软文示例

很多人都喜欢在发布微博时配上几张图片，这成为一种流行趋势。例如明星中的“段子手”薛之谦在微博上发了一篇 “动车上没有厕纸”的软文，全文不过一百字，配有图片（见图 2-9）。

一上来就说：“假如您上了动车，要去厕所，突然发现马桶上没垫厕纸，这岂不是很尴尬？”（读者不禁会想，这该怎么办）

接下来又写道：“没关系，我这有您需要的‘和谐号’一次性马桶坐垫！不但能解您的燃眉之急，您还能像我一样，用来当枕垫啦，当帽子啦，当餐巾围脖啦等。一纸多用，十分好玩的啦！”

这篇简简单单的软文，竟有着几十万的点击量，这意味着几十万人认真地读了软文。换句话说，这些网民如果碰到适当的时机，很有可能就会购买“和谐号”一次性马桶垫。

因此，当你在写微博软文时，加入一些网络流行语或明星等有关的元素，你的软文会更具影响力。

说完微博软文的写作技巧，接下来说一下朋友圈软文该怎么写。

2.5.2 朋友圈软文要实用

随着移动互联网的发展，微商发展速度飞快。于是，越来越多的专业营销人员加入微信营销大营中，竞争越来越激烈。如果你只是靠复制转发朋友圈广告，成交客户将会越来越难。要想做得更好，首先，你必须学会自己写软文。

那么，如何才能写出一篇攻心的朋友圈软文呢？我们总结了一点：朋友圈软文要实用。

下面来看一下这样一篇软文，题目是“泪奔了，农村宝妈娇大的故事”（见图 2-10）。

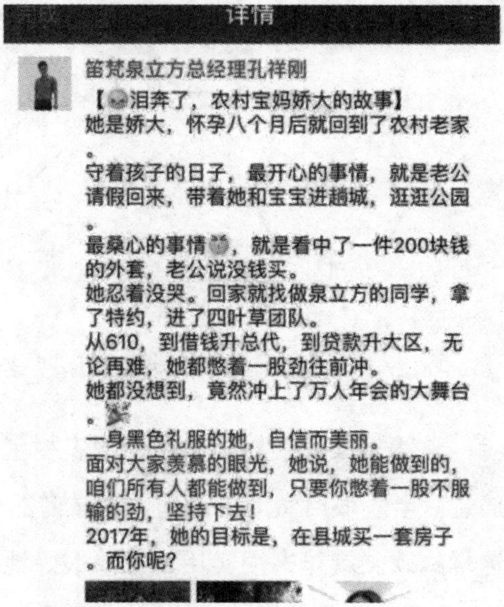

图 2-10　朋友圈软文示例

开头这样写道：

她是娇大，怀孕八个月后回到农村老家。在守着孩子的日子里，最开心的事就是老公请假回家带她和宝宝进城。最伤心的事就是看中一件200元的衣服，老公说买不起。（写出了农村宝妈的痛）

接下来又写道：

她没有哭。回到家找到做泉立方的同学，加入了四叶草团队。从610元到借钱升总代理，再到贷款升大区，不管再困难，她都鼓足劲往前冲。她没想到，竟然能登上万人年会的舞台。面对大家羡慕的眼光，她说，她能做到，咱们所有人都能做到，只要你不服输，坚持下去！2017年，她的目标就是在县城买一套房子。而你呢？

我们用图形的方式描述一下（见图2-11）：

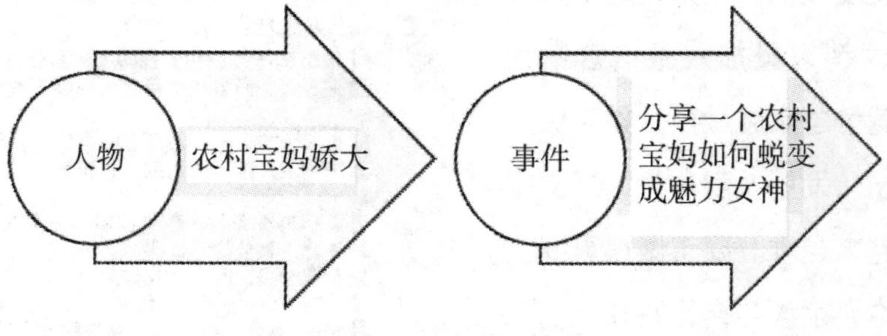

图2-11　朋友圈软文示例

这篇软文是针对想做微商的农村宝妈。软文的前半段写出了农村宝妈的痛，后半段很自然地过渡到她做微商的成就。素材很真实，也很丰富。因此，这样的软文就显得很实用，可以很好地转化那些想要做微商而未开始行动的农村宝妈。

所以，当我们在写朋友圈软文时，切记要实用。利用客户熟悉的事物，讲述身边的故事，构造客户所熟悉的场景。这样不仅能戳中客户泪点，还能引发客户共鸣。

2.5.3 公众号软文要有创意

讲完朋友圈软文怎么写后，我们再来分析下公众号软文的写作技巧。

在公众号的日常推文中，我们时常会写的就是产品的推广软文。这种软文的目的是为了做产品的宣传、提高产品销量。所以，我们在写公众号软文时，一定要有创意。例如，蓝月亮洗衣液的软文推广就采用了这种方法。

这篇软文的标题是“一份来自机洗至尊的简历”。从标题上看，读者不禁会想，洗衣液怎么会有简历？让读者忍不住继续阅读下去（见图 2–12）。

图 2–12　公众号软文示例

简历是这样写的：

姓名：蓝月亮机洗至尊。年龄：本事不看年岁，英雄不问出处。外形：流线型外观，小巧精致。核心技能：8g 洗净 8 件衣服。（读者肯定感觉十分特别）

接下来写道：

教育背景：在洗涤行业领导品牌蓝月亮公司潜心修炼两年，2015 年面市，是全国首款“浓缩 +”洗衣液。主修课程：高浓缩技术，独特低粘稳定技术，抗污渍再沉积技术，创新泡沫控制技术，色调调理技术……

这是一篇很有意思的软文，它通过拟人的手法，写出了蓝月亮机洗至尊的功能和优点，十分具有创意。所以在写公众号软文时，创意是很关键的。

2.5.4 APP 软文要简练

APP 推广软文可以在用户体验没有干扰的情况下，帮助运营者达到想要的推广效果，因此，写好一篇 APP 软文十分重要。一篇好的 APP 推广软文，加上有效的宣传渠道，宣传效果往往能够达到事半功倍。

一般来说，APP 软文分为三类：一是 APP 评测；二是新闻通稿；三是专栏报道。那么，如何才能写好一篇 APP 软文呢？我们总结了一下：在写 APP 软文时，一定要简练，切记不要长篇大论。

曾看到这样一篇 APP 推广软文，标题是“无抵押不见面，XXX APP 为何敢在 5 分钟内借给你 30 万”，该文章好长，其内容大致是：可以为生意人和中小微企业主用户提供随时随地、随借随还的手机 APP 贷款，可在 5 分钟内极速完成，通过 APP 贷款，所有的合同都是客户直接与银行签订等。

软文通篇都是在宣传使用 APP 的好处。5 分钟内急速贷款，这确实很能吸引人。但是真实情况是，写了这么多却没有让客户清楚地知道这种“极速”的依据是什么，是否真实可靠。这篇软文推出后，反响并不乐观。

因此，我们在写 APP 软文时，一定要站在用户的角度分析产品，如此一来，写出来的软文才更具人性化，表达的内容和理念也更有亲和力、感染力。语言要简练，层次要清晰，能把产品表述清楚、完整即可，不宜长篇大论。

2.5.5 论坛软文要记录真实

很多人都接触过论坛，例如新浪论坛、猫扑论坛、天涯论坛等。

论坛软文的推广成功与否是论坛营销成败的关键所在。我们时刻要谨记，再优美的软文都是广告。随着论坛营销的快速发展，很多人对软文产生了免疫力。尤其是论坛管理者，他们对软广告的判断能力越来越强，处罚力度越来越大。那么，摆在我们面前的问题就是：如何写出一篇高品质的论坛软文呢？

当我们逛论坛时，我们会发现，通常那些能成为热帖、高品质的软文，内容大多是以自己的真情实感为话题，适当地加入一些产品元素。我们来看这样一篇淘宝论坛软文（见图 2-13）：该软文讲述的是热风鞋业 700 家连锁店铺的品牌电商路。以作者自己的真情实感为话题，句句打动人心，给读者一种贴切感。该软文在论坛上点击率上万，影响很大。

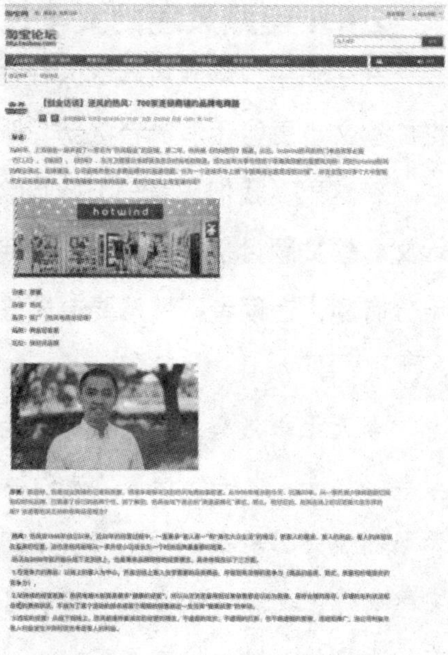

图 2-13　论坛软文示例

所以，在写论坛软文时，切记一定要记录真实，往往最能打动人们的就是真情实感。

2.6 不熟知文字范儿，软文会显得粗制滥造

一篇软文能够让读者继续看下去的必要条件是优美的语言文字。软文之所以能带来流量、带动销量，是因为它的文字能够在很大程度上吸引消费者。所以，我们在写软文时，需要熟知软文的文字风格，这样你写的软文才不会显得粗制滥造。

下面，我们介绍几种常见的软文文字风格。

2.6.1 幽默风趣的文字风

在生活中，幽默风趣的人往往更讨人喜欢。同样，一篇幽默风趣的产品推广软文也更能让消费者接受。那么，怎样才能写出一篇幽默风趣的软文呢?

在这里，我们来看一下娃哈哈集团为旗下的酵苏果蔬酵素推广所创作的软文。软文题目是“如果有一天我有了大肚腩，你是否会爱我依然”。标题十分有趣，让读者不禁想要追求答案。

今天上班搭公交的时候，真的让我尴尬到变形！有一站，慢悠悠上来一对年轻男女，我仔细打量了他们一下后，忙不迭站起来给那姑娘让座。而后，姑娘惊慌失措地摆手说不用、不用，害羞地把头埋进同行男子胸口……空气突然安静，我僵硬地站在车厢中间。身为一名女生的我，着实没有分辨出来。有的女生的肚腩太像怀孕了啊……（有些读者或许也感同身受，平时会遇到很多“大肚腩”的女孩，以为她们是孕妇）

世界上痛苦的事？英雄末路。世界上最痛苦的事？美人迟暮。世界上最最痛苦的事？美女发福，坐车被当孕妇，系鞋带蹲不下身子，洗澡看不到脚丫，衬衫扣不上扣子，连想要拥抱的对象，Ta（他或她）都会无奈地被你的肚子顶开。（很幽默地说出许多读者的心声）

图 2-14　幽默风趣的文字风示例

软文策划者通过抛出这几个场景，引出软文的诉求：跟大肚腩做个了断——娃哈哈酵苏果蔬酵素（见图 2-14）：

因此，在软文中，生动、幽默、诙谐的语言，能让软文变得轻松俏皮，令读者读后回味无穷，甚至乐意进行口碑传播。这种幽默风趣的文字范儿适用于任何产品推广软文，因为没人能抵抗幽默。

2.6.2 创意十足的网络流行体

互联网的普及，让网络用语成为一种潮流。在开展软文营销时，我们可以适当利用网络流行语言的魔力，吸引消费者的注意力。

2017 年“套路”一词在网络上十分流行，于是，有些软文策划者利用这一点进行软文创作。我们来看一下“为什么要买房”这篇软文：

史上最深套路：如果你把钱存在银行，你不买房的话，你的钱就会被银行借给别人买房。最后，你住着别人用你的钱买的房，还收你的房租，用着你交房租的钱来还房贷。用你的钱买了房，娶了你眼中的女神，结婚还邀请你去，然后还要你掏红包祝福！看完这后，就问你慌不慌！

我们用图形的方式来描述一下（见图 2-15）：

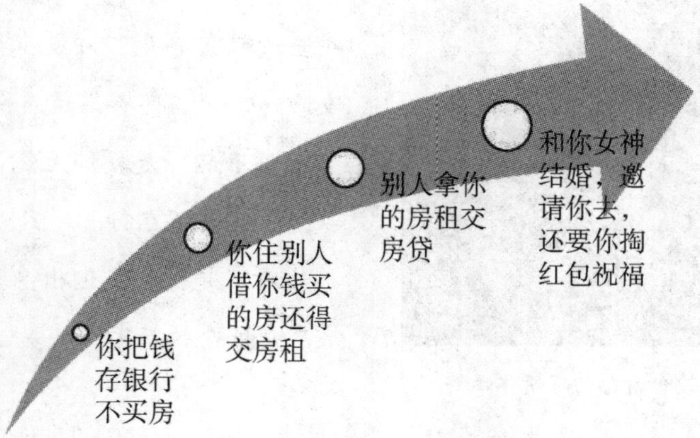

图 2-15　创意十足的网络流行体示例

当你看到这样的软文时，会不会有所触动？所以，利用网络流行语，加入创意的元素，你的软文将别具一格。创意的网络流行体文字范儿适用于跟随潮流和时代发展的企业产品或者服务软文，同时，更适合针对那些年轻一族网民的需求，多用于微博、微信等平台。

2.6.3 饱含情感的抒情体

世间人皆有情，在消费行为中也一样有情感倾诉。很多时候，饱含情感的软文很大程度上能打动消费者，让消费者在购买产品时显示出一定的情感倾向性。

例如加多宝的“对不起”系列软文其中的一篇就采用了这种形式。

这篇软文的题目是“加多宝‘对不起’”，我们从标题可以看出，这是一篇抒情的文章，让人们忍不住想要继续阅读。

软文内容是这样的（见图 2–16）：

图 2–16　饱含情感的抒情体示例

对不起！是我们太笨，花费了 17 年的时间才把中国的凉茶做到唯一可以比肩可口可乐的品牌。

对不起！是我们太自私，连续 6 年全国销售领先，却没有帮助竞争队友修建工厂、完善渠道、快速成长。

对不起！是我们无能，卖凉茶可以，打官司不在行。

对不起！是我们出身草根，彻彻底底是民企的基因。

这是加多宝在官方微博发布的“对不起”系列软文之一。当时，软文一出，引来千万网友的热议并且转发，其同情之辞溢于言表，同时强化了加多宝品牌在消费者心目中的认可度，引发热销。

通常，一篇饱含情感的软文往往更能虏获消费者的心。所以这类文字体适用于放长线的企业产品软文，而且也深受追求感性和浪漫的用户的喜欢。

2.6.4 贴近生活的通俗范儿

软文能够对产品起到促销作用，还有一点在于语言的通俗化，能够照顾到大多数读者的理解能力。

一篇具有促销作用的软文应该是能让人轻松阅读和理解的，这是前提和基础。如果你的软文不能够通俗易懂，那么，你的软文只能曲高和寡，得不到回应，自然也谈不上如何带动产品销售。

例如：有一款降血脂产品，为了说明产品中某些成分有吸附血脂的功能，软文中采用了“绑走血脂”的说法，瞬间让复杂的医学机理变得通俗易懂、形象生动。如此将深奥的道理通俗化，不但能让消费者容易理解，而且还能让他们深刻地记住这个产品。

所以，在写软文的时候，要做到通俗化，尽量长话短说，避免用华丽辞藻的修饰，拒绝连篇累牍的描述，将灵感和思想商业化、锐利化、贴近生活化。这种文字范儿适用于任何产品的软文策划和推广。

第3章

套路：致软文写了半年还一无所获的你

我们常常软文写了半年，还是一无所获，为什么？因为你的软文没有套路。换句话说，你不会写软文。事实上，想要写软文有成效很简单，遵循套路。常见套路有鸡汤套路、新闻套路、事件套路、反转套路、借势套路、悬疑套路、故事套路等，就算是篇幅也有套路可循。掌握这些套路和模式，即便你从零起步，也能在短时间内成为软文高手。

3.1 鸡汤套路：要鲜汁入味才能回味无穷

软文其中一个套路就是鸡汤模式。人们厌恶了电视、报刊的硬广告之后，逐渐对鸡汤性质的软文产生了兴趣。因为鸡汤性质的软文往往能大补，可以洞察到读者内心最深处柔软的地方。很多真正打动人心的软文，都是作者根据亲身经历来写的，所以会有很多共鸣。

我们常常软文写了大半年却一无所获，为什么？因为你没有将这碗汤熬成鲜汁，没有入味。想要写出好的鸡汤软文，需要的是原材料、火候，还有佐料。因为只有这样，熬出来的鸡汤软文才让人回味无穷。

3.1.1 围绕产品来加入鸡汤

在写鸡汤软文时，需要紧紧围绕产品。没有围绕产品来写的软文，即便再有营养，也无济于事，用户看完不会与你的产品联系起来。

那么如何结合产品加入鸡汤呢？

第一步，用鸡汤包装产品。例如台湾手摇茶饮店 Moonleaf 月叶，联合人气插画师“消极男子”，推出了一组“负能量”满满的包装软文：

体重，不会因为少喝一杯饮料就变轻；

你那么努力都没人看见，就像我们用了很好的红茶，你也喝不出口味；

好东西就应该跟好朋友分享，啊，我忘了我没有朋友；

我们的生活有多需要疗愈，就代表我们过得有多悲惨；

……

从这篇软文可以看出，奶茶店老板就是用“负能量”的鸡汤包装了奶茶产品，并且在每个奶茶杯子上印刷出了这篇软文，让每个购买奶茶的人都能看到。在售出这杯奶茶的同时，也将这篇软文传播出去了。

第二步，鸡汤视觉要优化。在这方面，网易云音乐的鸡汤软文很有代表性。2017 年年初，网易云音乐的鸡汤文案直接霸占了杭州地铁站，让每一个乘坐地铁奋斗中的年轻人都能第一眼看到，进而由眼睛进入内心世界。据说看完这些文案的人恐怕都要失眠……

来看一下网易云音乐的这些“催泪”鸡汤（见图 3-1）：

年轻时我想变成任何人，
除了我自己。
……
我不喜欢这世界，
我只喜欢你。
你别皱眉，
我走就好。
不在一起就不在一起吧，
反正一辈子也没多长。
喜欢这种东西，捂住嘴巴，
也会从眼睛里跑出来。
周杰伦把爱情比喻成龙卷风，
我觉得特别贴切，因为很多人，
像我，一辈子都没见过龙卷风。
世界如此宽广，
人类却走进了悲伤的墙角。
我想做一个能在你的葬礼上，
描述你一生的人。
当你觉得孤独无助时，

想一想还有十几亿的细胞只为你一个人而活。

一个人久了，

煮个饺子看见两个粘在一起的也要给它分开。

……

不得不说，网易云音乐在走社交化、媒体化路线，而在软文营销这条道路上也走得不错，鸡汤的味道够浓厚，而且回味无穷，让人深陷其中。

图 3-1　网易云音乐地铁鸡汤软文

3.1.2 用深火熬出的鸡汤才有味

鸡汤软文取好材料之后，接下来需要用深火熬。这个深火的意思就是一定要打动人心，从受众群体内心出发，戳中对方最柔软的地方，让对方读软文时，达到“泪流满面”的效果。

在这里，我们来看一下支付宝的芝麻信用的软文。软文题目是“我有一个不会被堵在路上的偏方，不知当讲不当讲”（见图3-2）。

图3-2 芝麻信用的鸡汤软文

每天早起上班的你，

是这样？（一张爆堵车的照片）

还是这样？（一张人潮拥挤的地铁站的图片）

城市道路总是大路不动，小路不通，好不容易约朋友吃个饭，找车位比找对象还难。

更有相关报道表明：“堵车对人带来的影响包括让人脾气变得暴躁、情绪变得焦躁不安，同时鸣笛等动作也容易引发顽固性头痛、神经衰弱等疾病。”

望着窗外堵成停车场的马路，你是不是会有点意志消沉？

看着眼前排得堪比春运的地铁站，你是不是也觉得心灰意冷……（读到这里，读者已经内心泪流不止了，因为太有共鸣了）

实在不忍心看你的踌躇壮志被淹没在人山人海的堵车长龙中。今天，我决定把珍藏已久的防堵秘籍，一次性全部分享给你。

这个秘籍，总结起来只有两个字，那就是：骑行。（这真的不是广告）因为骑车上班不仅仅灵活方便，同时还能锻炼身体。从此以后你就可以看着堵在马路上动弹不得的人们，骑着单车穿过人群，通过大街小巷，轻松自在，如风如影。而骑共享单车出行，不仅仅节约时间，还省去了找车位、怕车丢的麻烦，随停随走。在这个拥挤的城市，为你找出更多的空隙去感受生活的美好。

说了这么多，其实我想告诉你，4月6日至4月12日，芝麻骑行季开启，共享单车免费骑！

5大共享单车同步参与活动，不仅免押金，还免费骑！不管你是ofo小黄车粉丝、小蓝单车爱好者，还是喜欢优拜单车、funbike，或者是中意1步单车，总有一款适合你！

大家只要点击这里→“芝麻骑行季”，分享活动链接到朋友圈，并截图发至“芝麻信用”公众号，就有机会获得蚂蚁充电宝或者蚂蚁U型枕哦！

从戳中用户内心开始，直到最终的解决方案，都足以触动人们情感上的“引爆点”，这样的软文怎能不让人回味无穷?

3.2 新闻套路：记者措辞，规律排版

软文营销之所以越来越受到企业青睐，首先是因为受众对信息的敏感度越来越高，使得传统硬广告的效果越来越差，其次因为在广告效果下降的同时，广告费用却不断上涨，所以企业不得不尝试其他性价比更高的营销推广手段。

在不影响用户体验的基础上，还能够达到既定的广告效果，软文自然备受推崇。在这个基础上，新闻式软文则是一个更加实用的套路。

不同企业，背景和需求各不相同，这让软文的表现形式也多种多样。但万变不离其宗，不管如何变化，总有规律可循。

那新闻式软文应该如何写呢?

新闻式软文是以新闻形式发布出去的软文，新闻式软文可以发在任何网站或者论坛。在语言和表现形式上，新闻式软文语言往往比较规范，多数采用记者措辞，排版也比较有规律。下面具体从这两方面说一下新闻式软文的写作方法。

（1）新闻式软文的口吻和措辞。

新闻式软文通常是指作者模仿新闻媒体的口吻进行的撰写，例如一些公司举办大型活动、公益事业，都可以通过软文形式进行发布。这样的软文会显得很有权威性，可以让读者对文章中提到的广告内容信服。这类软文多用在以下几种情况（见图3-3）：

①网站成立、公司开张、公司周年庆等。

②推出新产品。

③重大发展，比如获得VC投资、建立重要合作关系、企业上市、发生并购。

④公益活动、慈善赞助活动等。

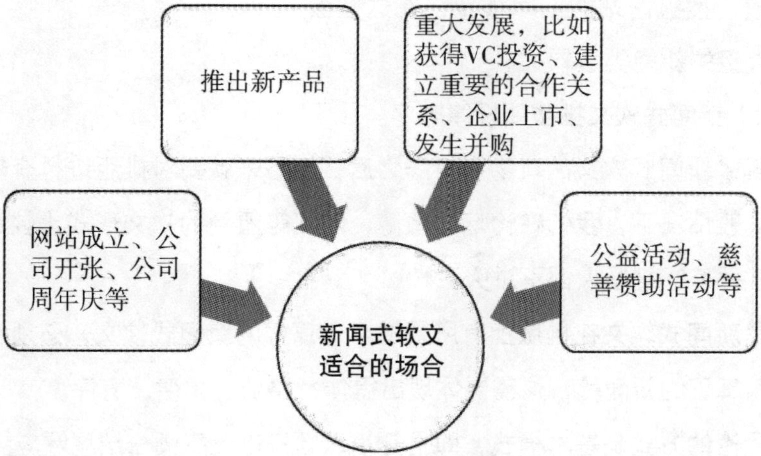

图3-3 适合新闻式软文的情况

以上几种情况比较适合用新闻式软文来发布。在措辞上，新闻式软文需要以记者的口吻来写作。

打个比方，一家互联网云公司刚成立，没什么名气，希望可以用一篇好点的新闻式软文在大型网站上发表，借此来提高知名度。可以这样写——

标题为："XXX网络公司，带你见识不一样的云服务。"当前云服务十分热门，这样的标题一下子能够抓住人们的眼球。

正文可以分三段写，第一段写引言，主要描述一下当前网络服务行情和云服务的优势；第二段写该网络公司的概况和优点；第三段总结该公司云服务给大家带来的好处，以及选择该公司的优势和价值趋势等（见图 3–4）。

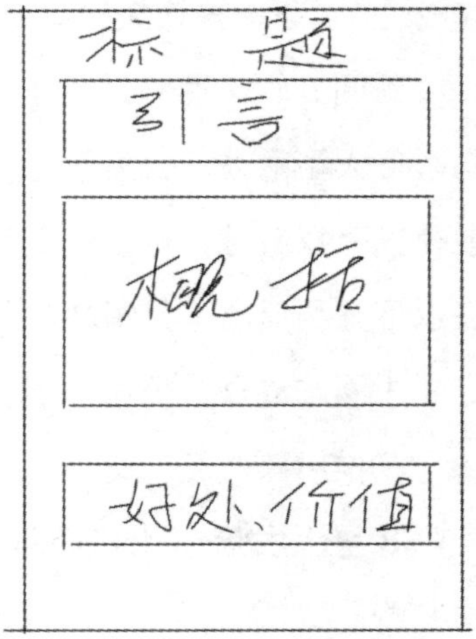

图 3–4　新闻式软文的轮廓和模板示例

如此一来，一篇新闻式软文就写成了。当然，用详细的文字描述时，要表现出新闻记者的口吻和措辞，多用一些“根据 XXX 机构调查发现……”“据统计……”，还需要多用一些数据来体现出措辞的严谨性。尤其是对当前形势分析时，还可以多参考一下腾讯、新浪、搜狐网站的新闻板块，在这些板块中有大量的新闻类型软文。

（2）新闻式软文排版要规律有序。

了解了新闻式软文的口吻和措辞之后，接下来就要对排版进行有规律的安排。一般情况下，我们在论坛、微博、贴吧等看到的软文形式比较灵活。什么形式都有，排版大都不讲究。

但是新闻式软文在排版上有所要求。一篇好的新闻式软文，必须在排版上像一篇真正的新闻稿，这需要体现出得体、整洁、规律、有序。

三段论的方式是基本模式，即是开篇点题→论证高潮→结尾呼应。

此外，我们一定要明白，新闻属于快餐文化，需要用最简洁的结构和语言为消费者提供信息。一篇好的新闻式软文一定是陈述事实，不需要铺垫，不需要悬念设置，能让消费者花最短时间（往往是几分钟就可以）了解大概情况。

在这里有两个很好的结构，那就是并列式结构和演绎式结构。并列式结构一般采用小标题形式，便于读者抓住内容中心；演绎式结构，重点是把事情的来龙去脉用简洁的语言来阐述，通常是按事物发展顺序来写。最后在排版时要清楚哪个版块是重点，哪个版块是总结，哪个版块是论证。

另外，新闻式软文还需要做好留白处理。由于新闻式软文的文字比较丰富，很多都是讲述客观事实，如果不分段不留白，可能会让读者产生阅读上的疲惫感。此外，必要时对一些重要内容加黑、加粗，突出重点，让读者一目了然。

3.3 悬疑套路：一分钟离奇软文的套路

每个人都有好奇心，一旦在软文中留有悬疑，就会立刻营造出一种期待感，让读者迫切地去继续阅读，去弄清楚到底是怎么回事。例如阿瑟·柯南·道尔创作的《福尔摩斯探案集》，每个故事情节中都会设置疑点，让你猜，让你欲罢不能。

软文营销也是如此，很多软文都采用“故弄玄虚”的战术，制造大量的期望与解决方案错位的情节。因为悬疑可以让读者追根究底，看完之后才明白原来是一篇产品广告，真是又爱又恨。此外，悬疑软文会让人们产生一种怀疑和不理解的心理，让读者掉进软文所营造的故事当中，产生身临其境的参与感。

因此，在写软文的时候，加入悬疑的因子，可以让你写的软文变得离奇，这非常符合人类的求知本能，让读者可以在软文中去探索未知的秘密。如果你有看央视春节联欢晚会，就会发现在晚会中的魔术表演结束之后，网络上很快会兴起各种关于魔术揭秘的帖子和文章。这类文章让人们忍不住去点击阅读。

无论从哪个角度来看，写软文时加入悬疑因素，都是一种非常有效的套路。当然了，悬疑套路作为一种强有力的心理战术，也不是毫无规律和章法的。如何在竞争激烈的软文营销下，在最短的时间内写出最有悬疑力量和吸引力的软文？下面就介绍几种离奇软文快速成效方法。

3.3.1 一开始就交代出背景

要想软文写得离奇悬疑，应该在开篇做到精彩十足。大量事实证明，假如开篇不能引人入胜，即便你在正文中设置再多悬疑点，也无济于事。到底怎样才能让悬疑软文开篇出彩呢?

在这里，我们总结出一个行之有效的方法：一开始就交代背景。这需要具备三大要素：时间、主要人物、离奇的点。

例如知名“宝妈”、医学硕士“年糕妈妈”在自己的自媒体微信公众号中，为某款儿童护肤乳做的软文推广就采用了这个方法。

这篇软文的题目是“这件事不重视，孩子的皮肤和眼睛都毁了”。仅从标题上就感觉这是一篇十分离奇、充满悬疑的文章，让人忍不住继续阅读。

在文章的一开始，“年糕妈妈”是这样写的：

春暖花开，又到了满世界撒欢的时候，带娃出行又提上了日程计划。看着老妈子满满的日程表，闺蜜一脸的羡慕嫉妒恨：“你家年糕去了巴厘岛都没晒黑，我娃过年回了个老家，到现在还黑得不忍直视，我都不敢带他出门了。”

我们用图形的方式描述一下这个悬疑的引子（见图 3-5）：

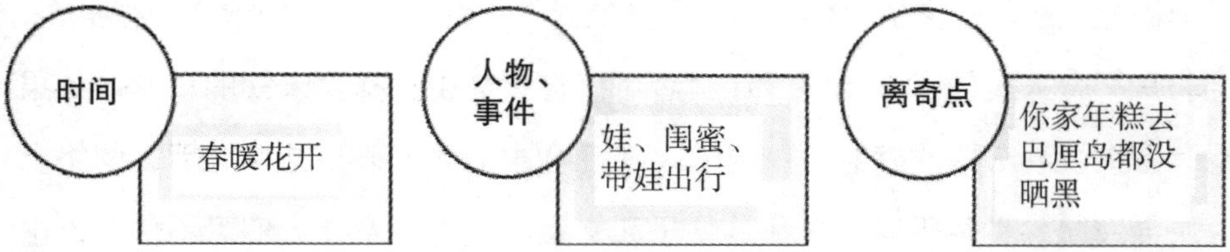

图 3-5　一开始就交代背景示例

春暖花开（时间）；

娃、闺蜜、带娃出行（人物、事件）；

“你家年糕去巴厘岛都没晒黑，我娃过年回了个老家，现在还黑得不忍直视……”（离奇点）。

通过这样的描述，短短几句话就让读者产生巨大兴趣，想要继续阅读并且弄明白两件事：第一，到底这个娃怎么了，回个老家就晒黑了；第二，另外一个娃为什么去了巴厘岛都没晒黑。

所以，我们在写悬疑软文时，最快捷的方法就是一上来就交代悬疑的背景，罗列好这些线索，接下来才能更好地布局。

3.3.2 陆续抛出几个奇怪的现象

交代了背景，引起读者的兴趣和满足读者的猎奇心理之后，接下来还要继续吸引读者阅读。如何做呢？有丰富经验的软文创作者告诉我们，应该在文中陆续抛出几个奇怪的现象。奇怪现象是吸引人们继续阅读的第一因素。

在这里，我们可以看一下泰国品牌 SINGHA 为旗下 B-ing Bodyline 功能饮料推出的软文广告。

一上来，它先给我们刮起了一阵悬疑风：

歧视，作为人类精神上的顽疾，并没有随着时代的进步而消失，反而发展得更加细分多样。似乎没有能完美解决它的方法，头疼 ing（中），这还真是一个世纪难题。即使有再多的保护，做再多的心理建设，它依然如冷箭一般不时射出。在世界上有这么一群人，她们敏感、自卑、忧郁……（读者不禁在想，到底是哪些人敏感、自卑）

于是接下来，软文策划者给我们抛出了几个奇怪的现象：

有这样一群女孩，每天都经受无数异样眼光的霸凌；出一趟门，就意味着踏上一条煎熬之路。还好，一所特殊学校的出现，为她们提供了庇护，在这里，她们抛开世俗的偏见，尽情展示自己，享受生活。直到某一天，一名黑衣男子的出现，美好被打破了，到底发生了什么？让这个避难的天堂坍塌了……

这几个现象分别是（见图 3-6）：

奇怪现象					
这群女孩每天都面临异样眼光	被歧视和霸凌	备受煎熬	一所特殊学校为她们提供庇佑	黑衣男子出现	避难天堂崩塌

图 3-6　奇怪现象

这些奇怪悬疑的现象不禁让人们想到，到底这个黑衣男子是谁？他做了什么，让这群女孩的避难天堂崩塌了？

事实上，在接下来的软文中，软文作者都给我们做了解答。这群女孩是一群大肚女孩，远远看上去像是未婚怀孕的女孩，所以她们受到歧视和异样眼光对待。有一所学校给予这些大肚女孩庇护，让她们在这里尽情享受欢乐。而有一天，一名黑衣男子的到来，打破了整个美好的局面。他给一名女孩带来了一个包裹，女孩自从接收了这个包裹之后，就变得苗条起来，大肚不再。自此之后，所有的女孩都去找这个黑衣男子，购买这种包裹（包裹内是 B-ing Bodyline 功能饮料）……

因此，抛出奇怪的现象可以让人们情不自禁地去阅读你的软文，更情不自禁地陷入这种悬疑氛围中，参与到你的软文情节中。

3.3.3 过程要真实感加深

在悬疑软文中，为了能更好地获得读者对该软文的期待，必须在过程中突出真实感。很多软文一看就有大量照搬、模仿、浮夸、虚构的成分，这种软文显然不够真实，无法让读者真正陷入其中。

想要让悬疑软文行文过程显得真实，应该用贴近生活的方式来叙述这种悬疑和离奇。首先，语言上要通俗一些，拒绝大量专业术语；其次，适当将自身经历和感受加入其中，这样会让读者更加信服；最后，突出细节描述，这往往能够打动读者，让读者感觉到真实和贴切。

3.3.4 结果让人大跌眼镜，同时让人拍案叫绝

像上述泰国品牌SINGHA为旗下B-ing Bodyline功能饮料策划的软文一样，结尾让人大跌眼镜。原来这些女孩不是怀孕者，而是肥胖者，而黑衣男子的神秘包裹内只是一瓶功能饮料，喝下去可以让人变得健美苗条……

这样的软文结果实在让人大跌眼镜，同时更是让人拍案叫绝。不得不说，这篇软文的悬疑点运用恰当，结尾反差突出，有画龙点睛之效。

这也告诉我们，一个充满悬疑的软文套路千万不能忽视结尾时的精彩。那么如何才能让读者看完拍案叫绝呢？在这里有一个非常有用的套路：结尾时，加入较大反差的结果。这样的套路通常都会令人大跌眼镜，无法不对你的软文印象深刻，更会记住你的产品。

3.4 事件套路：妙笔生花制造原创事件

事件软文，从字面上来看就是制造事件，通过事件来引起读者的兴趣，从而引人入胜，让你的产品在软文中浮现出来。当然，这种套路的核心就是事件的曲折性和原创性。一般来讲，这样的原创事件容易引起人们的关注。

3.4.1 将身边发生的事件写进软文里

人们对于贴近生活的事件往往十分感兴趣，因为这些事件就好像是自己的真实映照。因此，软文写作者需要不断挖掘身边的真实事件，筛选一些有意思的事件，再加以自己的文采写出来，给用户耳目一新的感觉。

我们来看这样一篇软文，“一个姑娘的相亲故事”。

过年都 27 岁了，我和我恋爱 2 年的男友分手了，于是年夜饭的时候，父母开始唠叨起来了。

“隔壁黄阿姨家的亲戚新桥人，有个儿子也是单身，今年 28 岁了，在一家互联网公司上班，销售主管，比你大 1 岁，妈给你安排见个面吃个饭，你去看看吧，万一遇到喜欢的。”母亲温柔地看着我吃饭，轻言细语地劝我。她已年过 50 了，鬓角早就有了白发。

我放下饭碗，突然觉得自己有些不孝，都快 30 岁的人了，还让父母日夜忧心这样的问题。“见就见吧，反正不会少块肉，就算是为了让父母开心一点也行。”我心想。

几天后，我穿着高跟鞋，拎着平日根本不会背的五位数的包，准时来到了约会地点，远处是厦门精英汇聚的软件园。据说，对方是一品标局的销售主管，在公司很有威望。我家做互联网生意，也算小康，所以我们见面，双方父母都很开心。

这是新时代的“电商情缘”啊！突然冒出来的这个想法，把我自己给逗笑了，正当我偷着乐时手机响了，接起的瞬间，我就看见那个 1 米 85 的大个子走进咖啡厅。

那么高大，像根棒球棍。

“棒球棍”就这样坐到我对面，我们相互打量了几秒钟。

我本来想着接下来我们会进行自我介绍，然后边喝咖啡，边聊天……结果“棒球棍”开门见山道：“你好，我 45 分钟后，单位有一个比较重要的临时会议，所以我就长话短说了。我今年 28 岁，属蛇，处女座，血型 O，在一品标局上班，现在是销售主管，平时喜欢徒步和运动，谈过一个女朋友，2 年前分手了。你还有什么想知道的吗？”

我手一抖，差点把咖啡洒出来。

……

读完上述一部分软文之后，你是否觉得这个相亲的女孩似乎就是自己？她的经历或许和很多读者一样，元素如下：

大龄女青年、单身、父母介绍相亲、硬着头皮相亲……

随后，相亲对象出现：互联网公司上班、销售主管、电商情缘、工作单位一品标局（当地十分有名的互联网企业）……

接下来就是互相介绍，相识（见图 3–7）。

这些基本元素很符合事件的构成元素。

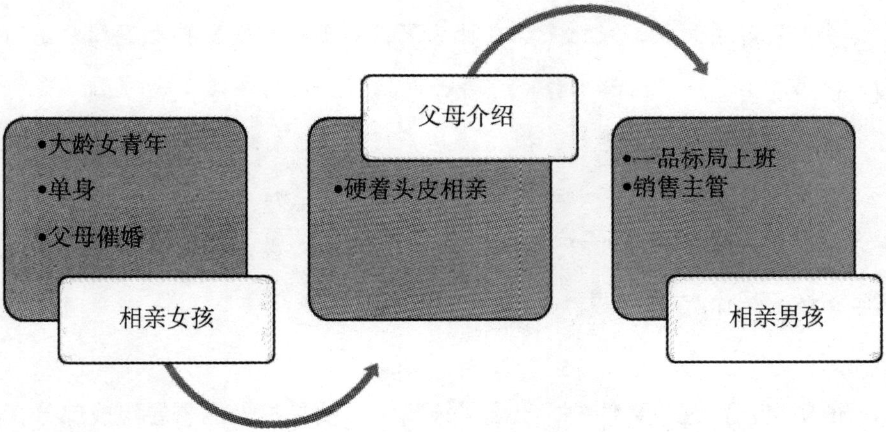

图 3–7　相亲女孩的故事

接下来继续看软文：

一周后，我俩又在软件园第二次见面。我们年龄差不多，算是聊得来。

“棒球棍”问我：“厦门那么多家咖啡厅，你为什么那么爱来这家的？”

“因为这家的蛋糕好吃，奶油新鲜，最主要是，他们老板是自创品牌，有自己的梦想，你难道不知道漂亮的姑娘都爱甜品吗？”我笑着对他说。他看着我，没有说话。

吃完这顿饭，“棒球棍”开车送我回家，并目送我上楼，让人觉得他意外的很贴心。

刚进门，鞋还没换好，我妈就围上来，一个劲地问："怎么样？怎么样？"

我笑了笑没说话，但从我妈的脸上我明显能看到她的喜悦。

可接下来的一个月，"棒球棍"再也没有联系过我，我的心里却没有自己想象的平静，我妈又陆续给我介绍了几个相亲对象，我都拒绝了。完了，难道我心心念念喜欢上别人了？

我终于还是没有憋住，给他微信发了句："你最近好吗？"

发完我就后悔了，然后微信那头还是没有回应，我呆呆地盯着他的微信输入框，多希望对话框的名字上写着：对方正在输入中……

等来的却是失望，我把头埋在枕头里，心里默默发誓再也不相亲了。可晚上我妈又不依不饶地恳求我："再去见见吧，万一遇到喜欢的呢。"

我正想着如何拒绝老妈，微信消息声突然响了，手机屏幕上跳出一串文字："我刚从北京回来。第一次见面那天，临时会议被紧急安排抽调去北京学习，那里信号不好没有网，我现在还好，你呢？要不要出来吃饭？我现在在你家楼下等你。"

很明显，在这个事件中，出现了波折。波折是事件的重要组成部分，如果没有波折，事件就会显得平淡无奇。在这里，女孩与男孩短时间内失去了联系。对方不回电话，也不回微信。读者的猜测是男孩似乎忘记了女孩，男孩可能不喜欢女孩等。就在女孩要放弃的时候，转机出现了，男孩回复信息了，还约女孩一起吃饭。

我们一定非常想知道接下来会发生什么事情，这很好地吊起了我们的胃口。

看到微信消息是"棒球棍"发来的，我抓起包就要出门："妈，我出门约会去了，今天争取拿下这个男朋友。"

我妈笑得脸上都乐开了花："对嘛，对嘛，这样才好，这样才好。"远远看到站在车旁的"棒球棍"黑了一点、瘦了一点。凛冽的空气也止不住我浑身发热，我小跑着向他冲了过去。

“棒球棍”一把拉住我的手，只说了一句话：“走，我们吃蛋糕去。”

相亲遇到真爱？不不不，能找到一个愿意陪我吃蛋糕的，我就很开心了。

当然，这次约会，我才知道原来这家蛋糕店的老板与“棒球棍”早是旧识。曾经因为自己的店是原创品牌而被人眼红，几次被人抢注商标，都是在“棒球棍”的帮助下，他才可以成功守住自己的商标，一直坚持自己的梦想。

事情讲完了，文末作者给我们呈现了一品标局的视频。这时候，我们再联系上述软文来看才恍然大悟。原来相亲对象（男孩）的工作一开始就是铺垫，在软件园上班，是一品标局的销售主管……原来这些都是一品标局的广告策略。当然，这时候的读者已经陷入事件中，并且对一品标局印象深刻。

这就是根据日常生活事件来撰写的软文，这也说明我们要善于抓住身边发生的事件，努力挖掘素材，写出优秀的软文来吸引读者。

3.4.2 放大产品在事件中的亮点

上述事件中，我们似乎并没有看到很多关于一品标局的信息。但是细心的读者也许会发现，就在最后一段：

当然，这次约会，我才知道原来这家蛋糕店的老板与“棒球棍”早是旧识。曾经因为自己的店是原创品牌而被人眼红，几次被人抢注商标，都是在“棒球棍”的帮助下，他才可以成功守住自己的商标，一直坚持自己的梦想。

这里展现了一品标局的强大优势：这家蛋糕店在一品标局的帮助下，守住了自己的商标，并且成功注册。这也暗示了一品标局是一家从事知识产权服务和交易的电子商务平台，为用户提供一站式知识产权代理和交易服务，提供商标免费查询、商标注册、商标续展、商标转让、版权登记、版权交易、专利申请和专利交易等服务。

所以，软文策划者可以在事件中放大产品亮点，让用户在观看软文时，将事件和产品结合起来，这样就能加深用户对产品的印象。

3.5 借势套路：借助热点好过独木难支

借势套路其实就是借助有影响力的事件，展开与产品相关的软文营销，以此来扩大企业和产品的知名度和影响力，达到既定市场目的的营销方式。

软文的借势营销是名副其实的“乘着东风好远航”。一篇优秀的借势软文，可以让软文的阅读量倍增，带来巨大流量。因此对软文策划者来说，需要对热点事件有较强的把握能力。

很多人在借势软文的操作中往往生搬硬套，事实上这样的方式过于僵硬，而且也是对读者的一种不负责。如果你的软文只是原装搬来热点，毫无新意，而且没有趣味性，用户将无法接受。因此，借助热点来撰写软文，“借助”的意思是把热点当作一个引子，以此来结合自己的产品撰写营销软文。具体可以从以下几个步骤入手：

第一步：软文标题要“一枝独秀”。

一篇借势热点的软文能否吸引读者，第一因素在于标题。如果是随大流千篇一律从同一个角度写，肯定会让读者在视觉上甚感疲劳，还会让读者认为你的软文和那些热点文章是一样的内容。读者内心肯定会这样想：“标题如此相似，内容估计也差不多。”这就需要我们在撰写热点软文时，将热点很自然地融入别具一格的标题中。

如格格小区（24 小时自助快递、便民服务等服务站）在 2017 年 4 月 6 日发表的一篇软文：“如果我是赵德汉，钱该藏在哪儿？”（见图 3-8）

这篇软文从标题上就体现出了热播剧《人民的名义》这一热点。这是 2017 年 4 月最热的一部反腐题材影视剧，多次登上新浪微博热搜排行榜，数千万人参与话题讨论，并且该剧的收视率一直在蹿升。因此，《人民的名义》当之无愧成为2017 年 4 月的一大热点。

格格小区就顺利借势，推出了自己的服务站软文，借助剧中前两集大贪官赵德汉藏钱的事件，来引出格格小区的快递柜的安全性，吸引了人们的关注和热议。

因此，一篇好的借势软文的标题必须迎合热点来展开，并且需要加入独特的味道，让用户透过标题就能感觉到软文内容的精彩。

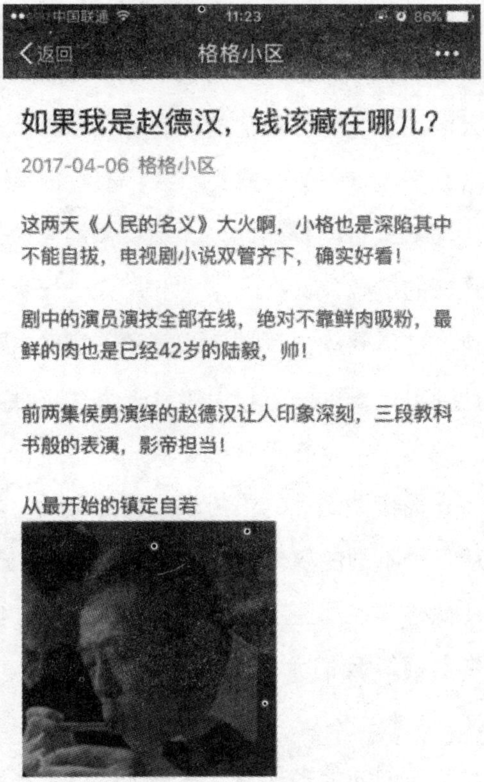

图 3-8　格格小区以《人民的名义》为热点借势的软文

第二步：加入自己的观点。

写借势软文时，最忌讳的一点是人云亦云，东抄一段西抄一段，这样的软文根本毫无意义。真正好的借势软文，一定要将自己的观点突出。每个人的思维方式不同，原创的观点能引起更多人的关注，有人不认可但也会有人赞同，有了争论自然就有更大的热度。在最后分析完热点事件后，记得要根据你的观点和结论衍生到你需要推广的产品或者品牌上。

第三步：要与产品相关联。

正如在男人味十足的 NBA 现场或足球赛场上会很少出现女性产品广告一样，借势软文同样涉及与产品的相关性问题。纵观成功的借势软文案例，无不是事件本身与产品有着千丝万缕的联系。

如夏普电视“借助”2017 年湖南卫视举办的《歌手》节目而登上营销宝

座就是很好的例证。因为夏普的最大目标消费群体是喜欢唱歌、喜欢观看高清视频的青年男女，与《歌手》的观众群有较大重合，而《歌手》所倡导的“乐过云巅，万念有心声”的理念，正与夏普品牌性格不谋而合，可以说夏普品牌文化与《歌手》是完美结合，因此创造出夏普的销售奇迹也就不奇怪了。

写软文也同样如此，一定要搞清楚热点事件与自己的产品的相关性。借势软文的成败关键在于事件利用，一个突如其来的事件可能成就一个品牌的经典。这需要软文策划者和营销者实时关注时事和社会动态，敏锐把握商机和社会热点，更好地利用热点来为软文服务，达到四两拨千斤的效果。

第四步：发布平台不要单一。

一篇借助热点的借势软文写好之后，接下来就是发布，而发布时，一定要从多个不同的媒体平台进行，不要只限于某一个平台。既然要做好软文营销，就必须找那些流量大的平台，这样才能有利于扩大阅读人群和提高软文的覆盖面。我们尤其要把握住微信平台、微博平台、各大论坛等平台发布软文。

广撒网才能多捞鱼，在多个平台上将借势热点的软文撒下去，并且加入后期的宣传和推广，一定可以获得意想不到的效果。

3.6 反转套路：别人都往东，我偏往西

反转套路是软文的一种奇特模式，意思就是逆反套路。人们容易对一些个性化的东西、逆反的东西感兴趣。例如大家都在说 XXX 明星是个居家好男人，忽然有一天爆料这个明星出轨，即便不是真实信息，也会瞬间引起人们的热议和讨论。再比如大家都在说“减肥应该多运动”，但忽然有一个文章说“不运动也可以减肥”，那么这样的文章一定会引起人们的热切关注。

因此，软文想要获得大家的认可和阅读，有时候需要“别人往东，我偏

要往西”的反转精神。

3.6.1 在做软文调查中发现规律

在使用反转套路时，前提就是做软文调查。调查的内容是看普通软文都是什么样子，受众的反应如何。然后根据这些调查找到一些写反转软文的规律。

如何进行调查呢?

首先我们要多关注那些软文高频出现的平台，先从标题入手，观察普通标题和反转标题的点击量差别。

例如，在天涯论坛中，有这样两篇帖子，都是介绍留学国外的培训机构的软文。然而，仅从标题上一看就有反差。一个是“留学马耳他，讲点学习英文的事”，另一个是“40 天一个人在美国的走走停停”。（见图 3–9）

留学马耳他，讲点学习英文的事	rinnazhang	5	0	04-07 14:50
【梦多远】 40天一个人在美国的走走停停	xj_180	38876	464	04-07 14:49

图 3–9 天涯论坛中留学帖子不同标题的点击量截然不同

第一个帖子给人的感觉是比较枯燥无味，这是十分正统的留学软文，显然毫无吸引力。第二个帖子出现了反转，将“留学”“学英文”等统统去掉，而是变成了“一个人”“走走停停”这样自由洒脱的“学习”，让人不免有些羡慕，因此带来了可观的流量。事实上，后者逆转软文在点击率上是前者的几千倍。

其次，标题上的调查之后，还要从内容、写作的方式等方面来做调查。总之，大家通常看到的普通内容和写作方式都没有太大吸引力，规律就是要尽量从标题到内容写出反差较大的逆转软文，这样才可以获得较高关注度和更多流量。

3.6.2 反其道而行做反转软文

前面我们说了写软文要有一种“大家往东，我偏往西”的精神。因此，这也要求我们要根据当前用户、读者的需求，发一些反其道而行的软文。

例如，墨瞳漫画推出了一系列“反正能量”的软文，并在电梯里张贴海报，让每一个过路人都能看到。

墨瞳漫画用八张海报、八个人物、八个猜得到开头却猜不到结尾的反转故事，来映照出“黑瞳漫画只有一些有意思的故事”这个概念。

故事 1：

浙江的冯玉莲今年 24 岁，
看鸡汤故事，
说爱笑的女孩运气都不会太差，
于是，
不管领导说她什么，
她都冲领导露出甜甜的微笑。
终于，
她被老板娘开除了……

故事 2：

四川的闫金芳今年 30 岁，
看鸡汤故事说，
女人要自己努力做女王。
于是，
三年间她一直努力寻找，
各种赚钱的机会，
参加各种创业大会。
终于，
她被一个传销组织成功洗脑，
被抓判了三年。

故事3：

河北的王小柱今年33岁，

看鸡汤故事说，

男人要为了心爱的女人而努力奋斗。

于是，

他只身来到北京打拼五年，

成为某知名企业CEO后他回到老家。

发现，

他心爱的女人，

正在给一个小男孩喂奶。

故事4：

辽宁的李大彪今年32岁，

看鸡汤故事说，

再不疯狂就老了。

于是，

他辞掉工作精心准备半年，

挑战野山极限滑雪。

终于，

摔断了右腿。

故事5：

山西的罗桂花今年26岁，

看鸡汤故事说，

人要为了自己的理想去奋斗。

于是，

她努力去参加各种唱歌选秀比赛，
想要被人们认可。
终于，
她创办了“大口吃”快餐，
专为选手提供盒饭。

故事6：
广州的吴慧敏今年22岁，
看鸡汤故事说，
别低头皇冠会掉。
于是，
她走路永远挺胸抬头。
终于，
掉进了一个没有井盖的井里。

故事7：
陕西的吴迪今年25岁，
听鸡汤故事说，
减肥能改变人生。
于是开始努力，
每天不坐电梯，爬23楼到公司。
终于在坚持三个月之后，
因为每天迟到，
被公司开除了……

故事8：
北京的李建国今年62岁，

看鸡汤故事说，

晨跑可以长寿。

于是，

他在三环路上坚持晨跑三年。

终于，

他患上了肺癌。

黑瞳漫画的这些反其道而行软文，获得了巨大反响，因为这与之前很多漫画提倡的积极效应是相悖的。黑瞳漫画的“暗黑”效应，成功引起了人们的兴趣和好奇，更激发了很多人惨痛的共鸣，自然而然它也会获得大量用户下载。

所以，恰当的时候要学会用反转思路，将软文逆反到底，这样才能成功吸引人们的眼球，得到大量关注，为你的软文带来高能营销效果。

3.7 故事套路：用故事引爆读者的情绪

优质的故事套路的软文都有一个共同点，那就是能引发用户情绪。软文作者往往会在成功戳破用户内心情感的同时，给到用户慰藉或者表达情绪的通道，而这些通道的终点，就是他们所需要为广告主推广的产品（见图 3-10）。

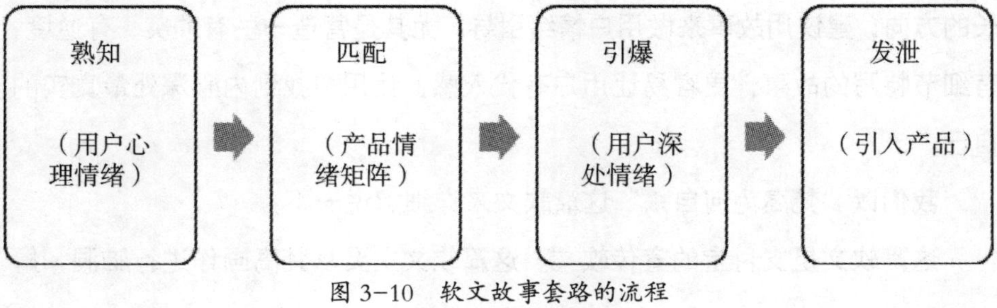

图 3-10　软文故事套路的流程

通常情况下，在用故事引爆读者情绪的环节中，我们要遵循下列几点：

（1）熟知用户的心理情绪。

情绪是对一系列主观认知经验的通称，是多种感觉、思想和行为综合产生的心理和生理状态。

在故事的写作方法中，心理情绪的加入也是最普遍的。我们常见到的情绪有喜、怒、哀、惊、恐、爱等，也有一些细腻微妙的情绪，如惭愧、羞耻、自豪等。情绪常和心情、性格、脾气等因素互相作用，也受到荷尔蒙和神经递质的影响。不管是正面或者负面的情绪，都能引发人们行动的动机。

（2）匹配产品情绪矩阵。

在策划软文时，想要加入故事，就必须先思考用户处于什么情绪下最容易产生购买产品的行为动机，比如下面几个软文就是这样引导的：

“梵高为何自杀”，这是支付宝的一个软文，主要运用了人们的惊讶情绪。通过写梵高自杀的故事来调动用户惊讶的情绪，从而推动支付宝理财产品的销售。

再比如，“听说，80% 的人都被背叛过”，这是洋码头购物的软文，所表达的情绪就是愤怒，激发用户的愤怒，用深刻的故事来打动用户，引发共鸣。

另外，每个产品可以让用户产生行为动机的情绪不止一种，所以对企业来说，可以提前搭好用户行为矩阵。以三只松鼠来说，它对于情绪的把控可以借助一个失恋女孩的故事来反映出疯狂吃零食的悲伤情绪，也可以利用一个年轻人回家过年时，购买三只松鼠当年货的故事来表达愉快情绪。

（3）引爆深处情绪。

软文的主体内容主要用于用户情绪引导，如果你在写软文时没有任何擅长的方向，建议用故事来做用户情绪引导，尤其是营造一些有冲突、有逆境、有细节特写的故事，更容易让用户有代入感，让用户找到内心深处最真实的自己。

我们以“梵高为何自杀”这篇软文来详细解说一下：

这篇软文是支付宝的宣传软文。这篇软文主要从梵高画作进行脑洞，解读分析梵高自杀的原因，最终把话题结果引向支付宝，让读者脑洞大开的同时，引起共鸣（见图 3-11）。该文有以下几个特点：

①选题新颖。

支付宝的这篇软文，选取了“梵高自杀”这个话题。首先梵高是个大画家、才子，是很个性的公众人物，因为他割掉了自己的耳朵等，这些足以引起人们好奇，同时让人们以为是讨论话题，与自身产品并不相干，支付宝和梵高强行建立联系，让人觉得很有趣味。

②自问自答的故事叙述方式。

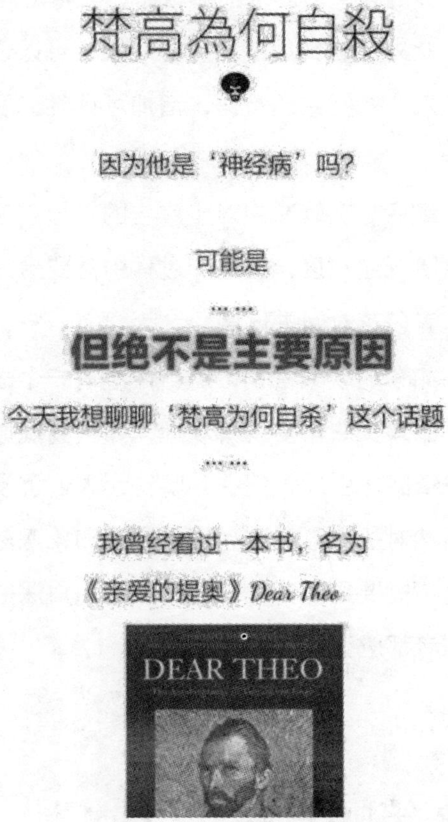

图 3-11　“梵高为何自杀”软文

在整个软文的讲述过程中，作者采用自问自答讲故事的方式，把读者的思路一步步按照作者的轨道引入，并且有梵高具体画作和史料进行图文结合，让人更是陷入其中，信以为真。

③娱乐式的广告植入。

最终，软文作者就“梵高为什么会自杀”给出了答案——因为钱少、穷——如果有支付宝理财——可能就不会自杀。

所以，这给了读者一条娱乐信息，这种将支付宝和梵高两个元素强行相结合带来的娱乐效果，将大大冲淡读者上当的感觉。

故事型的软文关键在于剧情、文笔，这个是需要作者多练的。但其他内容是可以速成的，例如字体大小、留白间距、分段处理等。这样外在的安排能让你的软文看起来舒服很多，非常适合娓娓道来的软文。

此外，软文后期润色的时候，可以适当将部分用词换得更有趣一点，例如加入一些网络流行语，增加可读性，后期润色适用于文笔功力不是很强的作者。

最后，在软文中对于广告的软植入一定要自然得体，用简洁的广告最大程度降低违和度，但这个过程中需要想办法让广告变得更有效，这也需要软文作者多花时间去琢磨。

如今的软文营销，流行通过讲一个故事，引出自己的公司或产品。这种新兴的软文非常受读者欢迎，归根到底原因就两个字：趣味。故事可以调动用户情绪，引发人们的共鸣，让人们沉浸在故事里，对其印象深刻，同时自然而然对故事最后表达出的产品印象深刻。而且故事文案套路的另一大好处就是不需要重复论述，就可以让用户深刻记住。因此，故事套路是每个软文策划者都应该掌握的写作方式。

3.8 篇幅套路："9+1"，从零基础到软文高手

在软文写作过程中，除了上述各种套路之外，还有一种套路非常有趣，那就是在篇幅上的模式结构——"9+1"。何为"9+1"？它是指在篇幅上的设计，"90% 的篇幅非产品信息 +10% 的篇幅产品信息"相组合的形式。

这就好比我们在上中学时，语文老师教我们写作文"总分总"的结构模式。软文也有一个能让大多数人都接受的模式，纵观那些成功的软文，可以找到一个规律，90% 的篇幅大都是故事、"鸡汤"、剧情等，而在最后的 10% 篇幅中加入有关的产品信息。例如上述我们举例的"梵高为何自杀"就是很好的案例。

很显然，掌握了这个模式，就等于掌握了大多数高效软文的模式，可

以让你快速成为一名软文写作高手。

在篇幅的套路上，我们需要用故事和“鸡汤”填满 90% 的空白。首先要引出内容主体（我们所说的故事或者事件），然后进行分析、总结等。在这个过程中，还需要用一些优美的文字来装饰，形成鸡汤文，这样才能让读者阅读起来更加赏心悦目。

随后在讲完故事，喝完“鸡汤”之后，要在暗处 10% 的篇幅话锋一转，插入产品。既没有违和感，又能让人们顺理成章地接受你的产品。

有一篇这样的时尚软文“开春的衣服就买这些”，作者是时尚自媒体大咖“黎贝卡的异想世界”（见图 3-12）。

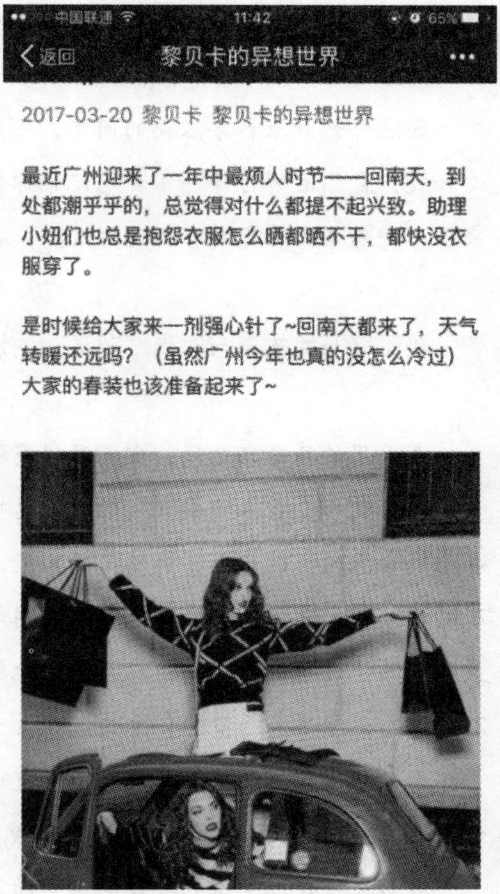

图 3-12 “开春的衣服就买这些”软文

整体布局是这样的，一开始先来讲一段自己的经历：

最近广州迎来了一年中最烦人时节——回南天，到处都潮乎乎的，总觉得对什么都提不起兴致。助理小妞们也总是抱怨衣服怎么晒都晒不干，都快没衣服穿了。

是时候给大家来一剂强心针了，回南天都来了，天气转暖还远吗？（虽然广州今年也真的没怎么冷过）大家的春装也该准备起来了……

之前我已经分享过几期今年春装的趋势了，但后台好多读者留言说，虽然觉得很美，但因为天气实在太冷，还是买不下手。掐指一算，现在买起来刚刚好。

还没开始升级春季衣橱的同学，可以把之前种的草拔一拔了。当然，贴心如我，自己逛的时候也不会忘记帮你们把我最近写过的一些春季单品挑出来了。一起来看看有没有心动的吧？

接下来开始故事与时尚“鸡汤”的混合：

春天里的清新自然风，少不了碎花裙。

挑选技巧：花朵不要太大的；配色也不要太多太杂。今年时尚圈最先让人感到春意的，就是各种自然风的图案。不过也有同学担心把五颜六色的花花草草穿在身上，容易显得太花哨。想赶一赶今年春天流行的清爽自然风？最合适的还是碎花裙。碎花裙大多质地轻薄，上身效果更灵动。春夏穿起来不会太热，看起来还蛮清爽（此处搭配一组碎花裙的时尚大片）。

而且，比起印花，碎花图案面积更小，多一点春天的清新感。之前我还专门写过一篇碎花裙跟各种外套的搭配，北方的同学这样搭就能又暖又美。

最后来说说怎么选。碎花的裙子的花朵面积最好不要太大的，容易显得Drama（戏剧化），不够日常。看看 Olivia 这条碎花裙，明显就比 Janny 的更温柔更容易让人接受（插图）。

熬好了时尚“鸡汤”之后，接下来 10% 的篇幅就交给了作者推荐的时尚品牌：

单品推荐：maje 2017 春夏新款女装热带印花不规则剪裁吊带连衣裙；MO&Co. 性感露背 V 领黑底印花吊带长裙连衣裙；maje 女装优雅 V 领花草印花连衣裙；maje 精致鸟类印花半裙式短裤；snidel 印花百褶半身裙；Zara TRF 开叉长连衣裙；snidel 2017 春夏新品民族风花纹 V 领上衣；snidel 2016

秋冬新品无袖木耳边衬衫（每一处的介绍中都要加入该品牌的图片）。

这种篇幅是最常见的，也是最简单有效的软文表达方式。90% 的篇幅是故事、“鸡汤”、剧情，最后 10% 的篇幅留给你真正要推出的话题或者产品。就像电影一样，往往最后 10 分钟是点睛之笔，可以让我们看得鸡皮疙瘩掉了一地也浑然不觉，最终表达出来的东西却让我们十分难忘。

如果你并不会写软文，那么可以尝试这种方式；如果你写了很久的软文都没人看，也可以尝试这种方式。因为这种方式可以让你的写体在最短的时间内获得最大的效能。

第 4 章

故事：用广角镜头讲故事才会与众不同

用户最喜欢阅读的软文类型之一就是故事类型的，而一篇优秀的故事类软文最重要的就是内容。内容角度好、选择素材好，这样的软文才能与众不同、抓住人心。因此，我们在写软文时，需要多种角度，用好广角镜头去讲故事。在本章，我们给读者罗列了多种角度的内容选择模式，希望可以让读者从中汲取技巧。

4.1 内容框架清晰才方便读者抓住软文核心

软文营销是当下互联网营销的一个热点，无论是企业营销，还是做网店、自媒体、微商、培训等，都离不开软文。互联网的流量获得有很多种方式，关键是你能用软文换取多少，又能转化多少。这一切都源于你的软文内容是不是可以打动读者的心。

提升软文写作水平最快的方式，是找到一个高标准，然后去分析、模仿、改良。那么如何找到这个标准呢？最有效的方法就是去各大软文发布地找阅读量高的优秀软文，然后仔细分析，进而学习、练习、改良。每天坚持写，很快就能成为软文高手。

当然，这些都是外在的学习方式，真正内在的学习还应该从最基础的内容架构抓起。只有软文的框架清晰，才方便读者抓住软文的核心，从而抓住读者的心。

4.1.1 逻辑结构要清晰

软文的内容能否吸引人们的关注，首先要看逻辑结构是否清晰。逻辑是一件事情、一个故事、一篇软文的基本层次，无论你是用何种方式来表达，都离不开逻辑。有逻辑的软文，读者阅读起来才不会感觉疲倦。

下面以几种常见的软文形式来说一下，如何在逻辑结构上布局。

（1）记叙式软文。

记叙式软文是指通过故事情节，吸引读者点击阅读的软文。记叙式软文的逻辑与一般的记叙文无差，首先要提出三要素（时间、地点、人物），然后在中间展现事情发展的曲折性和高潮，最后在结尾时来一个神转折，引导到产品上，再通过产品的描述和活动刺激读者，从而产生转化（见图 4-1）。

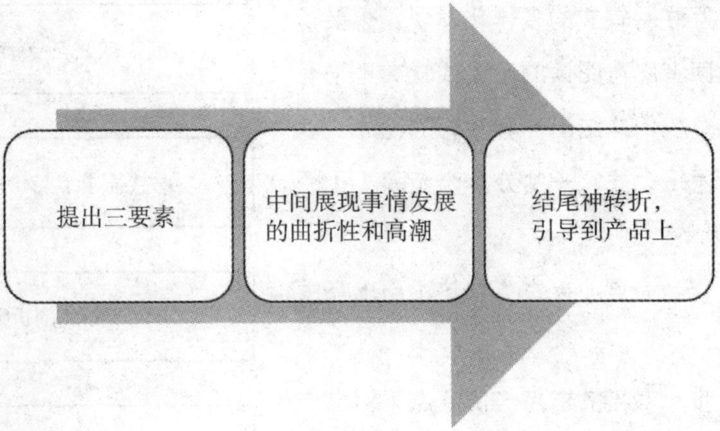

图 4-1　记叙式软文的逻辑

现在越来越多的自媒体平台在写软文时都会采取这种方式，因为它能很好地协调自身媒体影响力与产品推广之间的关系。这种类型的软文读者十分爱看，甚至追着看，因为它可以让读者体验神转折的妙处，进而对产品印象深刻。

（2）论述式软文。

论述式软文，顾名思义是以论述为主的软文。在这方面的逻辑结构应该是先以产品的价值点与读者的痛点为基础，然后提出论点，再采用论证的形式告诉读者这款产品能解决他的问题。通过引导读者意识到他的痛点所在，可以更好地激发读者的购买欲望，从而提高转化率。

这种方式也是较为普遍的论述逻辑，简单来说就是：提出论点——摆出证据——进行论述（见图 4-2）。通常情况下，按照这样的模式写出来的软文，读者往往一看就知道是企业的广告，很可能没有太大兴趣继续阅读下去。

图 4-2　论述式软文常见的逻辑

随着互联网软文的多样化发现，想要写出可以让读者愿意阅读的论述式软文也是有章可循的。我们总结出一套独有的论述式软文的框架逻辑模式，一共分 5 个步骤（见图 4–3）：

第 1 步，痛点或兴奋点铺垫（引出需求点）；

第 2 步，对接需求点与价值点（引出产品）；

第 3 步，结合产品，剖析痛点；

第 4 步，利益引导转化；

第 5 步，附加产品说明。

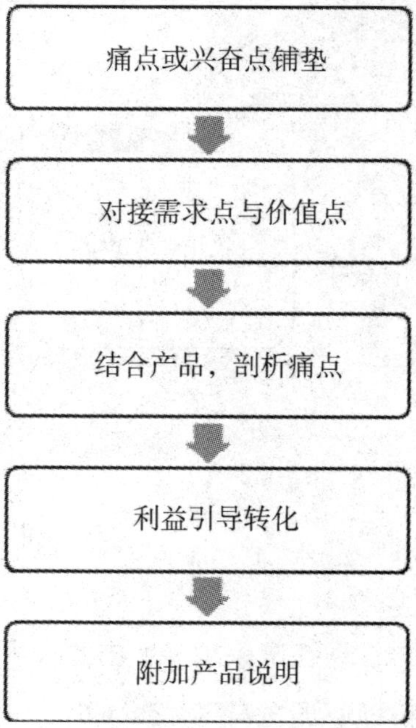

图 4–3　论述式软文的有效逻辑模式

在这 5 个步骤中，痛点、兴奋点、需求点、产品价值点、利益点，是论述式软文的重要要素。对读者来说，往往最有感触的就是痛点，最有期待的是兴奋点，最想得到帮助的是需求点，最希望产品为他做到的是产品价值点，最能够引起他行为转化的是利益点。

因此抓住这 5 个点来设置论述式软文的结构和框架，就可以写出一篇富有逻辑的高效能软文。

4.1.2 做好内容排版

明确软文的内容逻辑之后，接下来就是排版，好的排版也是软文完美内容框架的一个重要组成部分。

通常情况下，软文的三大核心板块是：标题、主题内容、结尾（见图 4–4）。

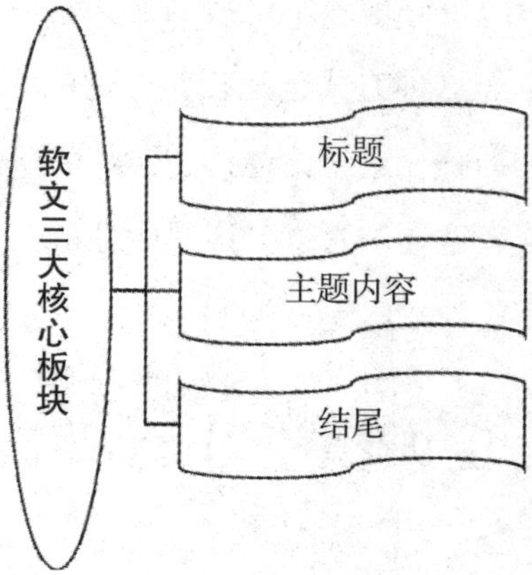

图 4–4　软文三大核心板块

标题要精练，字体可以放大、加粗。此外，标题字数不要太多，最好保持在一行之内，这样可以让读者在视觉上有一个明快的体验，容易让其产生兴趣。

其次，主题内容一定要丰富饱满。这是软文的核心地带。在这里，主题内容在布局上设置留白，段落之间要有空格，让读者读起来可以很轻松。最好还要在一些高潮地方换成黑字体，或者运用一些较为凸显的标点或符号。此外，还可以加入一些图片，增强视觉上的饱满感。

最后是结尾部分，画龙点睛的同时，更要用简练的文字突出产品，也可以放大产品的字体和图片，让读者可以一目了然，加深印象。

明确了内容逻辑和排版之后，基本上就抓住了软文内容的整体布局，也就能给读者传递一个十分舒适的阅读画面，这对软文的转化是至关重要的，因此要成为软文高手这是不可忽视的环节。

4.2 情感维度：文采不重要，情感到位才走心

在写软文时，内容是核心，只有内容到位了，才能引起读者的关注，进而有较高的转化率。想要在内容上打动读者，文采不是最重要的，情感到位才最重要。所以，软文作者需要用情感维度去写软文。

4.2.1 人物要明确

在情感维度中写出的软文，想要打动读者，要有鲜明的人物。当然不只是一个人物，可以是多个人物，但是人物一定要明确。无论在性格上还是在感情的刻画上，都要给人一种“驾驭”感，让读者感觉到在这个人身上可以看到自己的影子。

在这里，我们以呷哺呷哺在 2017 年 3 月 7 日，针对妇女节发表的一篇软文“就今天，别叫我女王大人”（见图 4-5）为例加以说明。

文章一开始是这样写的：

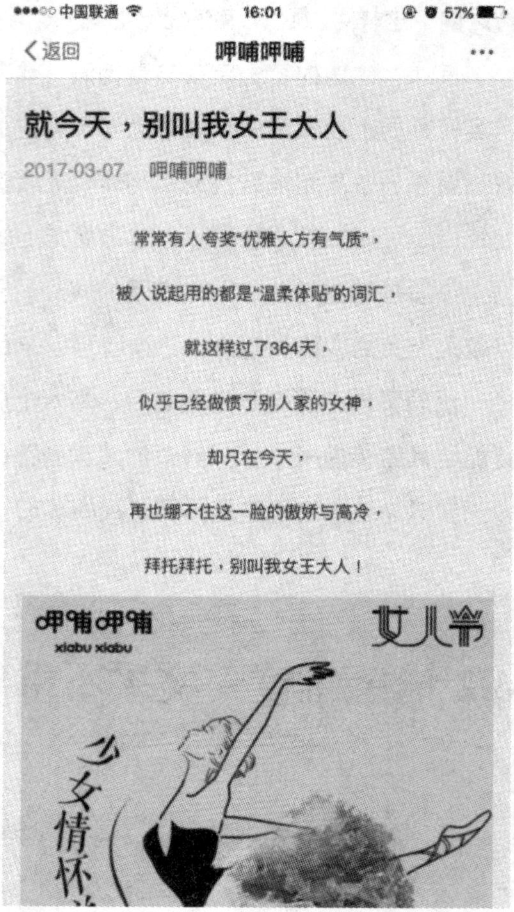

图 4-5 呷哺呷哺"就今天，别叫我女王大人"软文

常常有人夸奖"优雅大方有气质"，

被人说起用的都是"温柔体贴"的词汇，

就这样过了 364 天，

似乎已经做惯了别人家的女神，

却只在今天，

再也绷不住这一脸的傲娇与高冷，

拜托拜托，别叫我女王大人！

短短的几句话，就让我们捕捉到了关键人物——"女神"，没错，呷哺小编化身为"女神"，道出了身上的重担和形象担当。而且在这几句话里，我们可以看出"女神"不再愿意当"女神"，她已经绷不住了傲娇与高冷范儿，并且呼吁大家不要再叫她"女王大人"。

读到这里，你也许会想要知道，还有谁不想当"女神"？当然也有一些共鸣的女性用户深有体会，的确当"女神"不容易，既要傲娇，又要高冷，还要优雅有气质。但实际上……且看下文：

问我为什么？全是因为 TA！

如此热情如火、暖心 100 分的火锅，

叫人怎么忍心再这样“高冷”下去？
为了TA，我只愿做回那个无忧无虑，
“管吃不管胖”的小女生！

原来“女神”想要做一个“吃不胖”的“吃货”。写到这里，软文中这个人物特点就显露无遗，不仅是大家深有共鸣的“女神”，还是一个软萌可爱的“吃货”。

接下来“女神”又要发话了：

当我真真切切地坐在TA面前，
什么“冷漠表情包”，什么“女王包袱”啊，
早已抛之脑后！
唯愿献上我的“少女心”，
直面娇嫩的小鲜肉，粉嫩嫩的虾滑，
还有小清新的娃娃菜……
满满一锅萌物的诱惑！
你是否也有同样少女心爆棚的火锅秘事呢？
快快说出你的故事，
参加@呷哺呷哺官方微博有奖征集，
上传你在呷哺门店的自拍萌照，
同时@三位好友，
即有机会获得呷哺呷哺30元纸质代金券一份哦！

最终，在软文中由“女神”喊出少女心，并且将呷哺呷哺火锅在妇女节这天的活动也巧妙展示出来。这既迎合了读者的心，又抓住了读者的胃。

这就是明确人物的重要性，由一个人物引出整篇软文的核心和产品，也能在极大程度上引发读者的情感共鸣。

4.2.2 用心刻画情感经历

真正能打动读者的还有文中体现出的情感经历。我们在看电影时，时常会被故事中的情感打动，通过演员的表演，我们在屏幕这头就能沉浸其中。张曼玉和黎明主演的爱情片《甜蜜蜜》，其中张曼玉在得知爱人去世之后，在病房中哭泣的场景，着实让观看的人跟着泪流满面。

写软文也是如此，我们必须用心刻画情感，才能真正打动用户。

主要从两点出发：第一，心理；第二，细节。抓住这两方面的刻画，就可以在情感中注入力量，让读者阅读时，触动内心，引发共鸣。

例如豆瓣上有一篇软文叫“假如游戏从世界上消失”，这是一位文案高手为手机游戏《阴阳师》《王者荣耀》做的软文。软文没有直接上来讲手机游戏，而是从 20 世纪 70 年代、80 年代的童年游戏讲起，带领人们走入那个玩游戏的快乐无忧的童年时代。在文中，作者对情感经历刻画得非常饱满生动，打动了不同年龄段的读者。如说到 80 后的 FC 与街机时，作者是这样写的（见图 4–6）：

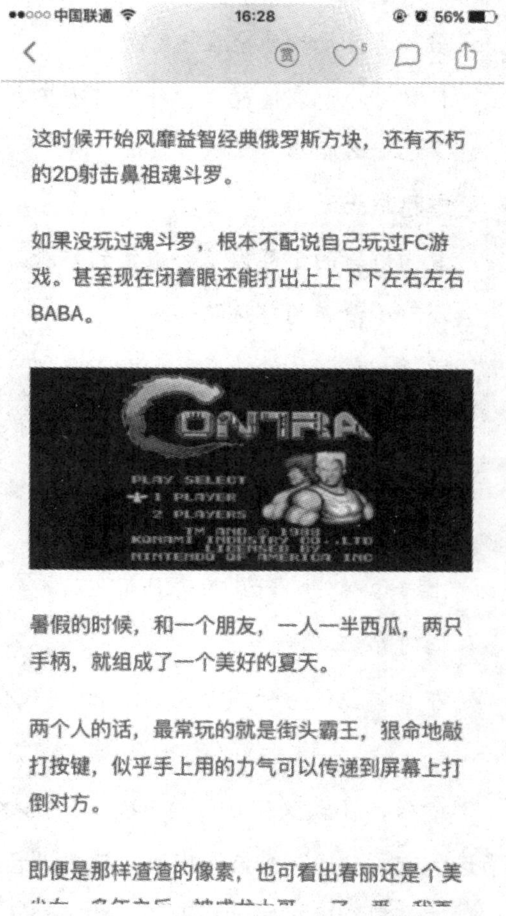

图 4–6　豆瓣中“假如游戏从世界上消失”软文中的情感刻画

80 年代，正是红白机风靡的时候。小编印象最深的是当游戏卡住的时候，不管有没有用，都会把卡拔下来，对着里面猛吹气，每次吹完再插上就神奇地好了！

这时候开始风靡益智经典俄罗斯方块，还有不朽的 2D 射击鼻祖魂斗罗。

如果没玩过魂斗罗，根本不配说自己玩过 FC 游戏。甚至现在闭着眼还能打出上上下下左右左右 BABA。

暑假的时候，和一个朋友，一人一半西瓜，两只手柄，就组成了一个美好的夏天。

两个人的话，最常玩的就是街头霸王，狠命地敲打按键，似乎手上用的力气可以传递到屏幕上打倒对方。

即便是那样渣渣的像素，也可看出春丽还是个美少女，多年之后……

在这段文字中，作者为我们生动地刻画出了当时玩俄罗斯方块、玩街头霸王的岁月和往日回忆，仿佛就在昨天，将读者从当下在钢铁水泥中摸爬滚打的都市，一下子带入到了那个蝉鸣的夏天。很明显作者是用心去写的，并且加入了自己的亲身经历，才营造出了这样生动的情感体验。

因此，软文故事想要生动，打动读者，要利用好情感维度，抓住影响情感的因素，从人物到心理、到经历，都要认真刻画，这样才可以让读者感受到软文作者的良苦用心。

4.3 用户维度：和用户接触，发现他们的故事

想要写出好的软文，必须从用户角度出发，站在用户角度思考问题，和用户接触，发现他们的故事，并将这些故事浸润到软文中。读者在阅读时，才能真正走入软文，从中找到痛点和需求。

因此，站在用户维度上去写软文是至关重要的。当然，在方法上我们也是有章可循的。

首先要学会洞察。在写软文中洞察犹如杯中窥人，十分精妙，说到底就是为了探求消费者心底的秘密和心中深埋的故事。在写软文中洞察可以激发消费者的三重反应：

"啊！你怎么会知道！"（惊讶）

"我也有这种感觉！"（强烈的共鸣）

"这么多牌子，只有你最懂我。"（强烈的情绪平复后，用户会对你刮目相看）

因此，在用户维度上写软文，必须通过洞察，触碰到对方的需求点。那么，如何写出洞察犀利的软文呢？很多人可能会告诉你，去做消费者调研。这当然很重要，也是写软文的前提，但这不意味你一定能写出让用户喜欢的软文。

你了解消费者，不代表你能打动他，需要你去接触消费者。具体可以这么做：

第一，参与到产品受众群体中。

想要了解用户，就要多多参与到产品受众群体中，与这些受众接触，接触得多了，自然就能了解这些用户对产品的使用心得和体验感是怎样的。与他们沟通，还能够从中明白产品需要在哪些地方改善等。这些都对写出优秀的软文有很大的帮助。

第二，把参与到用户群体中的事情写成软文。

最好看的软文是什么类型呢？无非是故事类型的，而且是记叙类的。因为这种软文可以让读者随着作者的笔触一步步深入其中。站在用户维度，不妨将参与到用户群体中的事情写成软文，给用户带去一篇详细的经历体验式文章。

例如支付宝在 2017 年 4 月 10 日发表的一篇软文"只要你相信"，将支付宝深入到浙江青田"洋留守"儿童的活动写成了软文，极大程度上推广了支付宝。文章是这样写的：

浙江的南部，有一个叫青田的小县城，跟别的小县城不一样的是，这里的华侨特别多，50多万人口中华侨占了32万。除了华侨以外，青田县还有一类人也特别多，他们就是那些被出国打工的父母留在国内生活的“洋留守”儿童。

这些“洋留守”儿童被父母留在国内的祖父母或亲戚身边，除了常年见不到父母而产生的思念和孤独感，这些孩子需要战胜的还有隔代教育带来的种种问题。

2017年3月27号，我们一行人带着一批儿童书籍来到了其中一所留守儿童学校，我们要为这里的孩子搭建一些图书角，放在每一班级里。

我们希望这些书籍能陪伴着这些孩子，让他们在留守的孤单岁月里依然能充满对生活的热爱，他们会学着认真地去阅读每个文字，未来他们也将更加认真地去对待他们的生活。

在这些捐赠书籍上，都贴着一个小小的角标，“百分百文案——简单温暖，直达人心”，这句简单的口号背后是我们故事的起点。从2016年9月8号，在蚂蚁金服有这样一群人，怀揣着一个简单的梦想聚到了一起，作为一个四亿人使用的产品，我们想让我们的文案能给用户带去温暖，能到达用户心里，为此我们将全力以赴。

越来越多跟我们一样怀揣梦想的人一起加入到为支付宝APP“找茬”的事业中，发现的每一个可以变得更好的文案都有专门的产品和业务团队负责跟进，并在最快的时间内得到优化。

在我们收集到第100条文案的时候，我们举办了一场通过汉字部首组合进行创意的活动。连外国友人都被中国汉字文化的博大精深所感染，原来简单的汉字也可以创造无限可能。

在让文案更美好的这条路上，其实最珍贵的陪伴来自我们的用户，在优化文案的过程中，我们的用户体验官一直与我们并肩同行，每个优化文案的背后也有我们用户的全心付出，为了感谢我们的用户，我们将每年3月3日定为蚂蚁文案日。

图 4-7 支付宝的“只要你相信”软文

我们希望能够尽最大的努力，让支付宝里再也没有难懂的文案，让用户在使用支付宝时，能有更好的产品体验，更希望能从这里开始，从我们开始，让文案变得更温暖美好。而支撑我们去实现这个梦想的，是我们对于用户体验的坚守，不论白天黑夜，一刻未停。

我们也希望这份信念能传递给我们身边更多的人，当我们看到深夜的“阅”字亮起，当我们看到孩子们清澈明亮的眼神时，我们都将更加坚信一切都可以变得更加美好。（见图 4-7）

通过参与关爱“洋留守”儿童的活动，支付宝宣传出来的不仅仅是大爱，更是让用户感受到支付宝在为每一类不同的群体而服务和贡献着，让更多有相同感受的用户感觉到支付宝的生活化。这不仅很好地推广了支付宝 APP，更为支付宝旗下的众多产品做足了宣传，带来了流量。

4.4 品牌维度：把品牌的发展史写成精彩故事

品牌故事显然是最典型的软文宣传模式。在软文策划中，如何更好地讲好品牌故事，这是十分重要的。实际上，品牌就是故事，成功的品牌一般以高品质产品为基础，再加上广泛认知性、创新性及传奇故事，如此四个条件构成品牌（见图 4–8）。

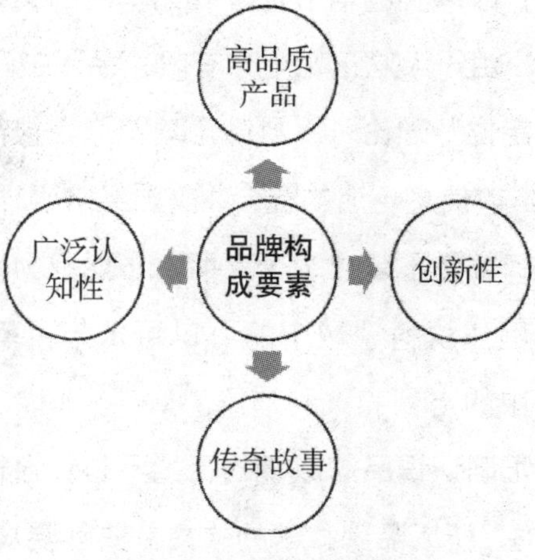

图 4–8　品牌构成要素

好的品牌必然有着传奇故事，如美国著名能源公司雪佛龙的故事：

当太阳在天边升起的时候，奇异好斗的松鸡也迎着朝霞欢舞跳跃起来，它在求偶。这是生命开始的前兆。松鸡这种奇怪的动物，一旦有异类入侵到它们的孵育之地，它们会立刻停止繁衍，直到把威胁赶走。

雪佛龙的员工，正在抢铺一条重要的输油管道，这时候他们看到松鸡在朝阳下欢舞。于是，立刻停止了手上的建设，开始汇报工作。他们决心要等到小松鸡孵化出世之后，才回到管道旁开始铺设，然后夜以继日地赶工……

这个小小的品牌故事一定会打动你。当然，除了雪佛龙的故事，还有很多有趣且很有深度的品牌故事打动着我们，比如海尔创始人砸冰箱的故事、阿里巴巴“十八罗汉”创业的故事等。

显然，品牌故事或者品牌的发展史是最好的软文素材之一，那么如何才能写好品牌故事的软文呢?

第一，写品牌故事不追求文字上的华丽，关键在于对故事情节的描述。

很多企业往往在写品牌发展史软文时，总希望能用优美的辞藻来介绍自己的品牌，以为华丽的语言可以打动消费者。事实上，这个想法不妥当，因为众多案例都表明，故事类的情节远远要比华丽的文采更能打动人心。唯有情节才是最重要的，由于人脑记忆十分有限，品牌被记住才是最重要的。

为什么“营销定位”理论可以风靡全球？原因很简单，那就是这个理论屡被验证有效。在当前信息泛滥的社会，美国经济心理学家亚当斯·艾佛说：“人们能记住的品牌数量不超过 7 个，而真正能成为大赢家的品牌一般就是第一和第二个。”例如饮料领域中的可口可乐与百事可乐，口香糖中的益达和绿箭，剃须刀中的吉列和飞利浦等。

所以，我们要正确认识品牌故事的目的不是让自己喜欢，而是为了让你的用户或消费者记住。所以品牌故事的软文首先就要从消费者认知角度出发，做好对故事情节的描述。

第二，品牌故事中加入冲突或者经典事件。

为了可以将品牌故事的软文写得更加有趣味性，需要加入一些冲突、曲折或者经典的事件。这样可以让你写的软文更有意思，例如海尔创始人砸冰箱的事件、乔布斯与苹果的曲折历史等。

如此一来，不仅可以为平淡无奇的软文添色，还可以突出品牌发展史中的曲折，让读者对品牌发展记忆深刻。

第三，为品牌添加神秘色彩。

品牌需要故事，如同一个有魅力的人需要传奇经历一样。一个适当合理的品牌故事被写成软文之后，被一而再再而三地传播时，能够增加消费者对品牌的正面认知，增强品牌的说服力和亲和力。

当然，想要让品牌故事在软文中更突出，可以在其中添加一些神秘色彩，吸引消费者去阅读。

例如可口可乐的品牌软文是这样写的：

1893年，可口可乐的创始人很神圣地宣布，可口可乐之所以风味独特，是因为其中含有一种“7X”的特殊物质，而其秘密配方，就收藏在世界某地一家信用极佳的银行里，全世界只有7个人知道这家银行的地址，他们中有5位持有存配方的保险柜的钥匙，另2位知道密码，同时，必须把5把钥匙同时转动，并对准密码才能开启保险柜。

这个配方在短时间内引起许多人的关注，无数次对可口可乐成分的分析表明，难以找到“7X”。可口可乐方面又称“7X不可破译”，“7X是永远的秘密”……

通过这篇品牌软文可以看出，可口可乐的神秘性让“7X”成为新闻媒体百年以来都在热谈的焦点，可口可乐也因此博得了难以计数的忠实消费者的钟情。

品牌故事软文是需要“讲”出来的，通俗来说就是要经过品牌策划者精心设计和编辑，对曾经发生过或编写的故事重新寻找切入角度，并且安排插入更合理的情节，以此来极大程度上渲染气氛之后，再将它们传播给广大受众。

为品牌添加神秘色彩一般有三种方式：

（1）发明或发现的故事，如苹果电脑、福特汽车的故事。

（2）品牌创始人的某段传奇或神秘经历的故事。

（3）品牌发展过程中所发生的未解之谜的故事，如“肯德基为何会销毁当天卖剩的汉堡包”等故事。

4.5 外部维度：走出狭窄圈，灵感永远在门外

有些互联网自媒体认为，好的软文犹如广角镜，可以看到多面，这就需要我们极大程度上去利用外部的维度。换句话说，如果我们只是窝在屋里，即便手边的资料再多，也很难写出贴近用户生活的软文。

现以某户外服装品牌为例，讲讲如何从外部多个维度写软文。

从户外运动组织角度：多参加一些户外旅游和骑行等活动，多与成员交流。

从厂家角度：参观户外服装制作的工厂，实际考察产品生产过程。

从同行角度：多去其他户外品牌的店铺、活动地点考察，并定期与同行多交流。

从消费者角度：以消费者角度观察产品的使用等。

也许你会问，真的要搞这么复杂吗？消费者需要这么多故事吗？答案是非常需要！举个例子，消费者去超市买一瓶汽水，几块钱一瓶的汽水，凭感觉很快就做出选择购买。但是涉及大的金额消费，比如买车子、房子、保险等，就会仔细考虑，谨慎选择。

如果只是从内部角度去把握，写出来的东西一定会大同小异。读者在阅读时，随便翻阅就过去了，那种感觉仿佛他看过雷同的电视剧："这一集我已经看过了"，或者"结局肯定是……"。从外部不同角度写出来的软文，就会非常精彩，同一条主线每一集都有不同的内容，即便接近尾声，观众也猜不到结局。

如果一篇软文写出来十分单调，没有吸引力，多数是因为写软文的人久

坐办公室，没有从外部维度去写。

4.5.1 走出办公室

想要写出好的软文，必须走出办公室，不能把自己困在办公室里，仅靠手上的材料来写。走出办公室去做什么？去与所推广的产品有关的一切接触，发现新的事件、故事，将这些新鲜的见闻写进软文中。这样一来，软文不但有吸引力，而且绝对原创新颖。事实证明，读者更愿意阅读新颖而有意思的软文。

如“余额宝，是时候跟你说再见了”，这篇软文是名创优品的编辑给互联网金融平台——光大分利宝做的一篇软文推广。作者没有一上来就说光大分利宝的优势和特点，而是将余额宝作为对比，给读者做出了一份详细的金钱调查。

以前，我们习惯将钱存在银行！然后，我们又把钱投进了股市！后来，余额宝慢慢取代了我们的理财方式！

➡ 把钱放银行？

门槛太高，收益还不是很可观……

➡ 投资股市？

风险太高，搞不好会血本无归！

➡ 把钱存在“宝宝”？

比如“余额宝”类理财产品，低至 3% 的活期年化，工资跑不赢物价！

上述几句话引出了当前大家理财的习惯，接下来尤其是对余额宝进行了分析，更是深入普通用户的生活：

近年来，余额宝的收益率长期徘徊在 3% 左右，只比通货膨胀率高一点儿。也就是说，把钱存进余额宝，仅仅能做到不亏钱。真正会理财的人，余额宝已不再是第一选择。原因很简单：收益实在太低了！

有一句话是这么说的：钱不是存出来的，是理出来的！只要有投资稳健的理财计划，就可以在仅仅手持三四千元工资的情况下，花更少的时间获得“经理级”的收入！打个比方，假设每月你挪出1000元投资一个靠谱的理财项目，加上11%的预期年化收益，30年后，最多居然可以存下280多万元！

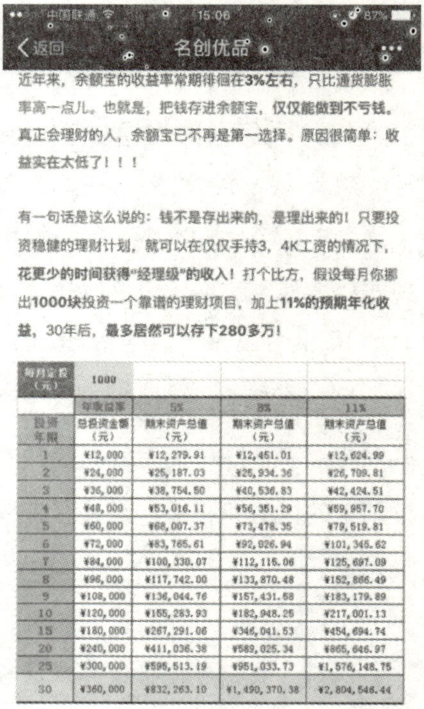

近年来，余额宝的收益率常期徘徊在3%左右，只比通货膨胀率高一点儿。也就是，把钱存进余额宝，仅仅能做到不亏钱。真正会理财的人，余额宝已不再是第一选择。原因很简单：收益实在太低了！！！

有一句话是这么说的：钱不是存出来的，是理出来的！只要投资稳健的理财计划，就可以在仅仅手持3，4K工资的情况下，花更少的时间获得“经理级”的收入！打个比方，假设每月你挪出1000块投资一个靠谱的理财项目，加上11%的预期年化收益，30年后，最多居然可以存下280多万！

每月定投（元）	1000			
	年收益率	5%	8%	11%
投资年限	总投资金额（元）	期末资产总值（元）	期末资产总值（元）	期末资产总值（元）
1	¥12,000	¥12,279.91	¥12,451.01	¥12,624.99
2	¥24,000	¥25,187.03	¥25,934.36	¥26,709.81
3	¥36,000	¥38,754.50	¥40,536.83	¥42,424.51
4	¥48,000	¥53,016.11	¥56,351.29	¥59,957.70
5	¥60,000	¥68,007.37	¥73,478.35	¥79,519.81
6	¥72,000	¥83,765.61	¥92,026.94	¥101,345.62
7	¥84,000	¥100,330.07	¥112,115.06	¥125,697.09
8	¥96,000	¥117,742.00	¥133,870.48	¥152,866.49
9	¥108,000	¥136,044.76	¥157,431.58	¥183,179.89
10	¥120,000	¥155,283.93	¥182,948.25	¥217,001.13
15	¥180,000	¥267,291.06	¥346,041.53	¥454,694.74
20	¥240,000	¥411,036.38	¥589,025.34	¥865,646.97
25	¥300,000	¥595,513.19	¥951,033.73	¥1,576,148.75
30	¥360,000	¥832,263.10	¥1,490,370.38	¥2,804,546.44

图4-9 光大分利宝软文中的图表分析

在这段话后，可以看出作者是一个非常懂理财的人，不仅仅是通过资料显示，更是通过自己的实际经验得出结论。尤其是当说到那个潜在的“靠谱的理财项目”时，更是以每个月设定1000元的理财金额为例，给读者做了一个详细的表格，表达出30年后，如此做会资产变成280万元的情况（见图4-9）。

这种表达方式的确不是一个只坐在办公室里收集材料的人可以得出的，显然，是作者通过多方考察余额宝，以及其他理财方式而得出的结论。接下来，作者才真正引出这个强大可靠的理财工具——光大分利宝。

这样的软文表达方式不但让人感觉到真实可信，还十分有说服力，是每个软文作者都应该学会的写作方式。

4.5.2 像美剧一样每集故事都不同

走出狭窄圈去写软文，需要接收外部的一些讯息，才能让写出的软文更充实和丰富。首先你必须把自己定义在一个美剧编剧的位置上。我们看美剧时，都有这样的感觉：每集都有新剧情，根本猜不到结尾。

写软文也是一样，每篇软文都属于一个剧本雏形，如果千篇一律，那么加工出来的软文毫无新意，用户读起来也自然会产生审美疲劳。

如何才能做到像美剧那样呢？首先我们不要随波逐流，总用老套段子，而是推陈出新，写别人没写过的，大胆尝试，别人写过的要尽量避免，如果不能避免就要尽量做出改变。

其次，要大胆走逆转、反转路线，例如知名文案人西门君有一篇非常有趣的软文“你的努力配不上你的朋友圈”，就采用了大胆逆转的方式，给读者呈现了不一样的另类软文。

最后，在软文中加入一些离奇事件，这也是美剧中经常出现的桥段，抓住人们的猎奇心理，然后将软文写出离奇感，这样一定能走进人们的内心。

4.6 媒体维度：多方视角关注更多流行内容

有时候，策划一个故事类型的软文，需要你用媒体维度去把握，意思就是多方视角去关注更多流行的内容。无论是纸质媒介时期，还是移动互联网自媒体时期，软文永远都是非常有效的营销手段。而且随着时代的变化，软文的方式也出现了变化。如果我们还停留在过去单一视角中写软文，恐怕写出来的软文不能满足当下人们的需求。

因此，我们要从多方视角去关注更多流行的内容，将这些流行元素加入到软文中，让软文迎合新的潮流。

4.6.1 多看优秀的软文

优秀的软文写作高手都阅文无数，他们对一些优秀的软文总是爱不释手，翻来覆去地阅读，然后从中总结出自己的方法，汲取更多技巧。

所以，想要成为一名软文写作高手，就要多看一些优秀软文。多看软文可以让我们提高写作的水平，也更加清楚读者到底想要什么。为什么那些优秀的软文那么受欢迎？具体好在哪里？我们要带着这些问题去阅读优秀的软文。

下面送上几个经典的软文示例，希望读者可以具体查询参考：

华为："追了这么久的漫画，结局竟然是个大套路！"

优速快递："我有一个苹果。"

飞猪旅行："3 个男人在无人区里干了一件最刺激的事。"

鱼火锅店："每年吃掉 120 万斤鱼！这家鱼店要疯了！"

陪你跑："这样减肥，会让你越减越胖！"

只要你仔细阅读和观察，就一定能够在这些优秀的软文中发现软文写作的技巧，然后结合自己所推广的产品，找到适合的方法，在借鉴的基础上"学以致用"，让你写出的软文更加有吸引力。

4.6.2 留意当下流行的故事类型

想要让软文更加出色，还需要留意当下流行的故事类型，需要仔细观察现代人比较喜欢哪些类型的故事。在这里我们建议软文策划者前往新浪微博、搜狐论坛、微信朋友圈等地方搜索素材。在这些热门社交网站和门户网站中，最新的、点击率最高的文章通常会很明显，可以让我们把握住当下流行的故事元素。

首先，情感类的文章，一般很多人都喜欢阅读。在现代社会，随着物质生活水平的不断提高，人们在精神、情感上的追求越来越高。人们的情感生活往往出现很多裂痕、矛盾、摩擦，所以情感类的软文是非常流行的。

其次，娱乐类型的文章也非常受欢迎。随着移动互联网的发展，智能手机的普及，人们越来越对娱乐化的信息感兴趣。微博热搜、腾讯娱乐成了年轻网民热衷去的地方。所以娱乐类型的文章在当下十分受欢迎。

最后，优美"鸡汤"励志故事也非常受欢迎。当下随着社会的快速发展，年轻人的压力不断攀升，"房奴""车奴"的出现，使很多人被压得喘不过气，这时候他们最需要的就是“一碗鸡汤”。因此，励志“鸡汤”故事也是当下非常流行的故事类型。

把握好这些流行的故事类型，才容易写出优秀的软文，让你的软文故事更入流，更加有吸引力。

第 5 章

标题：我用字字珠玑，换你全心投入

一篇软文的成功，离不开一个好的标题，好的标题有画龙点睛之效，能直接打开人们阅读的大门。尽管只有短短十几个字，甚至只有几个字，但只要字字推敲，仔细揣摩和选择用词，就一定能够换来读者的全心投入。本章将为读者介绍如何写出字字珠玑的软文标题。

5.1 练好写软文标题的基本功

软文写作的最高境界，就是能把广告写得不像广告！其标题的重要性，不言而喻！区区十几个字或几个字的标题，它的成功与否却决定着一篇软文的成败。一个好的标题可以让用户快速锁定这篇软文，产生阅读兴趣，这样你写的软文才会有意义。

因此，写好标题，使之具有销售力，是软文营销的一堂重要功课。一个能吸引消费者的标题并非一朝一夕速成的，你需要掌握写软文标题的基本功。

下面我们具体来分析一下软文标题的写作方法。

5.1.1 简短明了

软文能否给读者留下好的第一印象在于是否有好的标题，只有标题给读者留下好印象，才能让读者继续关注你的文章内容。那么，怎样才能使读者第一眼就被你的软文标题吸引呢？这就要求软文标题简短明了。

例如，特步在软文营销中就采用了这种方法。标题是“我们赢了！‘步’早不晚，刚好”。标题很有创意，既简短又明了，让读者不禁想要继续阅读（见图 5-1）。

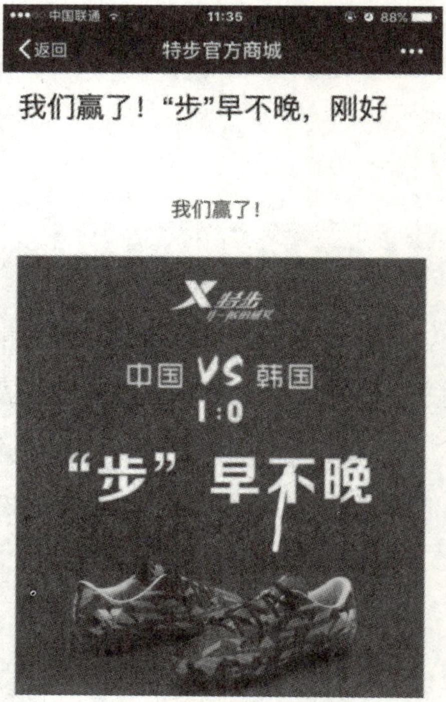

图 5-1　软文标题要简短明了示例

所以，我们在设计软文标题时，尽量避免使用长句，因为长句型标题会让人产生一种冗余的感觉，会让人反感，从而难以对软文的内容产生兴趣。因此，软文标题的设计应尽量简短明了，最好每个标题的字数控制在 20 字以内。标题要做到简短，但更重要的是将其与营销的产品相结合，否则仅仅追求简洁也不能把软文的意义和目的凸显出来。

5.1.2 与内容相关联

当我们着手软文写作时，不管目的是什么，倘若软文标题与软文内容不符合，就有“挂羊头卖狗肉”的嫌疑。所以，我们要明白软文的主要内容，以此为题，使标题与文章内容紧密结合。

下面，我们来看一下华为公司为旗下 HUAWEI P10 手机做的软文推广。软文题目是“HUAWEI P10 系列样片是这样拍出来的”。从软文标题上看，读者可以了解到两点信息，我们借助图来具体分析一下（见图 5-2）。

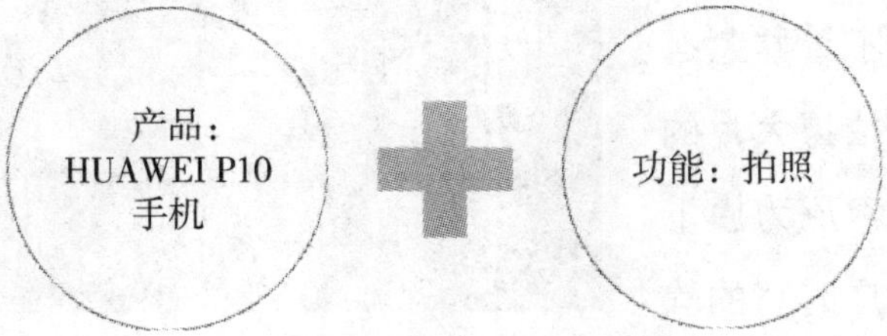

图 5-2　软文标题要与内容相关

话说“题好一半文”，这表明了标题与正文是一体的关系。所以想要写好标题，让标题与内容紧密相连是前提。

5.1.3 发挥点睛作用

软文的标题就像是一扇大门，读者可以通过这扇门进入到软文内容当中。那么，如何才能使标题为内容点睛？如何才能抓住读者眼球呢？我们来看一下这样一个例子。

“半个月瘦 20 斤，秘密首次公开”，这是推广某减肥产品的软文标题。

从标题上最能引起读者好奇心的就是“秘密”，读者虽然知道个大概，却不清楚文章具体写的是什么，从而为软文的内容起到点睛的作用。

和喜欢看悬疑小说或悬疑电影一样，人们通常都喜欢听各种真相。人类的求知本能促使他们去探索未知的秘密。所以，往往揭秘的标题很能引发关注。

因此，我们在设计标题的时候，可以适当地插入一些具有吸引力的词。比如：“秘诀”“劲爆”“免费”“背后”“绝招”等。

5.1.4 融入关键词

软文无非就是给人搜索及给用户看的，我们在写软文标题的时候要考虑到这点。那么，如何才能让用户通过标题就能精准地找到自己需要的内容呢？我们总结了一点：不管是给用户看还是给搜索引擎搜，标题都需融入关键词。

“这就是不管娃怎么‘折腾’都能拍摄大片的秘诀！”这是索尼为旗下一款相机做推广时写的软文标题。标题中出现的关键词“拍摄”，让本文具有针对性（见图5-3）

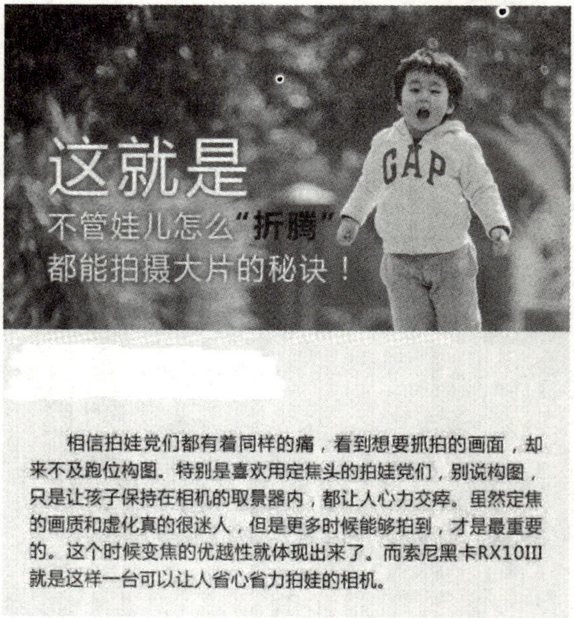

图 5-3　软文标题要融入关键词示例

在标题中适当地加入关键词，能给你的软文加分，但是，关键词不宜过多堆砌，否则会适得其反。

5.2 抓住人们偷窥和猎奇的本能做标题

继续我们上节说的：如何设计软文标题？每个人都是自私的，通常只有跟自己有关的事情出现才会使你“骚动”。例如标题“北京明天会下雪”，对于很多人来说，下雪是一件很正常的事，通常他们看到这个标题后不会做出太大反应。如果我们换句话说“北京明天会下大雪，可能会造成交通不便，请市民做好防范”，这个时候读者该着急了，因为下大雪会造成地面积雪、交通不便、出行受影响等。

信息传播的接收者虽然是普通大众，但是他们都拥有复杂的心理特征，喜欢接受能够满足自身心理需求的事物。

所以，在设计标题时，我们需要从人们的心理需求角度出发，挖掘标题与人们心理的内在联系，可以抓住人性偷窥和猎奇的本能来做标题。这样一来，你的软文标题就更易触动人心。

5.2.1 刺激用户视觉感官的点

要想用户被你的标题吸引，需要找到刺激用户视觉方面的元素。这类元素有很多，我们以常用的两种——“图片”和“特殊符号”来具体分析一下。

俗话说：“一图胜千言。”相比文字，图片更能刺激读者视觉，能让读者在短时间内想要了解更多的信息，更能勾起读者继续阅读下去的欲望（见图 5-4）。

特殊符号有很多，如“【 】”“……”“？”“！”“@”，以及网上很多新颖的符号，这些符号被很多软文作者应用到软文创作中。当人们看到这些符号时，会产生不同的感受。例如：省略号能很好地突出悬念，给人一种欲言又止的感觉；叹号则表示惊讶；问号能勾起用户的好奇心理……这些都是能对目标用户视觉方面产生刺激的元素（见图 5-5）。

图 5-4 刺激用户视觉感官的点示例

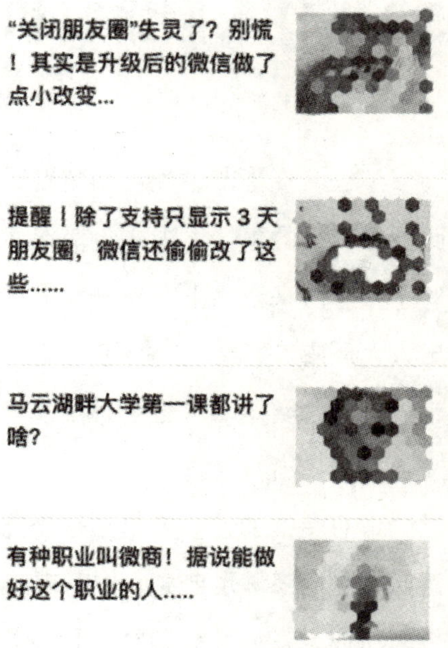

图 5-5 刺激用户视觉感官的点示例

我们来看一下这样两个标题："中国的首富朝银行心脏插刀，银行破产模式已经开启了。""打！劫！中国的首富朝银行心脏插刀，银行破产模式已经开启，我们的钱……"两个标题的意思一样，但影响与效果相差甚远。很明显，第二个标题加入了对视觉方面产生刺激的元素，更能吸引读者眼球。

因此，标题中可以多加入一些能影响人们心理的符号与标志。此外，在一些公众号或者微博中，软文标题往往呈现罗列状态，这时候我们可以适当加入一些刺激用户视觉的图片来"撩动"用户的心。

5.2.2 触动用户心理的点

人类一切实践活动和认识活动的出发点都是为了满足需求。智利学者巴伊赞·耶茨曾说过，满足用户才是信息检索的最终目的。研究用户是为了了解他们的需求、行为、习惯等，其本质跟心理研究主题是一样的。他认为，人们普遍都具备四种心理（见图 5-6），我们来具体分析一下。

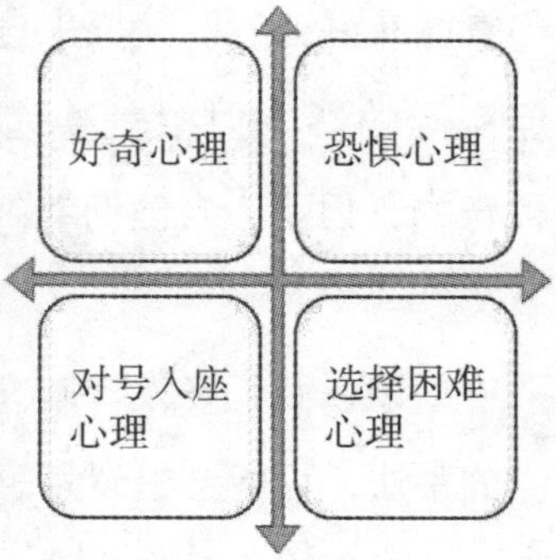

图 5-6　人们的四种普通心理

好奇心理：好奇心是每个人与生俱来的，我们在写软文标题的时候要利用这点！

举个例子：“北京最好玩的十个地方总结”VS“北京最好玩的十个地方总结，尤其喜欢第九个”，两者相比之下，第二个标题更能让读者关注。

很明显，要想引发读者的好奇心，你必须学会吊他的胃口。在软文标题中可以加入提问和反问、两种反差对比、普遍背后的特殊、过分夸大等信息，这些都能使读者产生好奇心，勾起读者的阅读欲望。

对号入座心理：在现实生活中，这种现象很普遍。读者在阅读某篇文章或看见某件事情时，他们会想自己是不是也这样。比如，现在网络上很流行测星座的运势，网友们在看到与自己相近的情况时大多都会转发和点评，我们再来看一下这个文章标题：“情商低的 9 大表现”（见图 5-7）。

这个标题很有意思，读者在看到这个标题时不禁会想，这 9 种表现自己是否也出现过？该如何提高自己的情商？这些想法通常会促使他们继续阅读下去。

图 5-7　触动用户心理的点示例

针对这种心理，我们在设计软文标题的时候，可以有针对性地加入一些词，比如“表现”“符合”等，来吸引读者眼球。

恐惧心理：恐惧心理是指在可怕情景的影响下所产生的一种紧张情绪反应。每一个人都有恐惧心理，有时候其实事情本身并没有想象的那么可怕。

例如：“哪些蔬菜吃了会对我

们身体有好处？”“原来这些蔬菜可以预防癌症。”两个标题看似很相近，但实际的影响力相差甚远。很多人在看到第一个标题时会觉得没有什么稀奇的，但是，当他们看到可以预防癌症这个标题时，会毫不犹豫地去关注下文。

所以，我们在设计软文标题的时候，可以对标题加以修饰，适当运用夸张的手法，可能会起到意想不到的效果！

选择困难心理：生活中处处面对选择，有些是主动的，有些是被迫的。站在人生的每一个岔口，去与留、向左还是向右、是轻装上阵还是匍匐前进？相信很多人在面临选择的时候会表现出很纠结，很犹豫。我们进行软文创作时，也需要抓住人们的这个心理做标题的文章。

我们来看这两个标题：“如何把握帮朋友的尺度？”“帮忙的尺度：为朋友两肋插刀或插朋友两刀？”这两个标题的不同之处在于，第二个标题用疑问的形式摆出了两个选择，更能引起读者的关注。

因此，我们在写软文标题的时候，可以通过抛出两种或者多种选择，用疑问的形式展现出来，效果会非常不错！

5.3 善用数字技巧做标题

互联网的普及，加快了数字化时代的到来。数字具有强大的冲击力，能够给公众带来直接的震撼。很多时候，在衡量一个企业优秀与否会用数字来表示，如公司业绩数据等。在我们的生活中，许多事物也被编排成数字，例如，幸福指数、天气指数、价格指数等。同样，运用数字来创作软文也十分流行。

数字是最直观的呈现。很多人在设计标题时，喜欢采用一些华丽的辞藻去描述，这种往往给人的印象华而不实，使读者生疑；相反，采用一些具体、实在的陈述，利用数字所带来的视觉刺激，更容易让读者感到信服，乐意接受。

例如，有这样一篇文章，标题是“睡了三年的双人床垫细菌数量超过十亿”，这是一家床垫企业做的推广软文。仅从标题上看，读者也许会感到“恶心”，但是，“恶心”之余他们会继续阅读，因为这关系到每个人的生活质量问题。

因此，在设计软文标题时，可以使用具体或特定的数字。在标题中加入数字，会给人呈现出强大的信息量，使读者迫切地想知道数字背后的含义，激发读者阅读文章以获取有价值东西的欲望，达到突出内容的目的，提高标题的含金量。下面我们来具体分析一下如何运用数字设计软文标题。

5.3.1 “数字排行榜”型

“我相信群众”，这句话大家都耳熟能详，这表明了用户在选择产品时的从众心理。一件产品，通过数字排行榜的方式展现出来，会让用户的信任感大大加强。

例如，你是一家汽车4S店的营销人员，由于市场竞争十分激烈，单靠在软文中写该品牌的汽车性能有多好，已不能取得用户的信任。这时候我们该怎么办呢?

我们可以从软文的标题入手，在标题上加入销量排行榜、受客户欢迎度排行榜等。如“最新国产汽车排行榜：全国五大最高性价比国产汽车品牌”，把你所要销售的汽车品牌列入其中，这样去展示产品的效果会非常好。

在选择用数字排行榜做标题时，还要突出排行榜的权威性和说服力。如表明是全球排行或者是全国排行，还可以是各大知名机构的调查排行等，总之要让你的客户通过这种软文标题看到你产品的价值，从而大幅度提高认可度。

5.3.2 “数字”+“方法”组合型

在众多复杂信息中，人们的大脑往往最先留意的是“数字”与“方法”。

为什么“数字 + 方法”组合型标题能吸引读者呢？原因在于这种标题含有结果导向。

用简单的数字去装饰在某方面成功需要积累的方法，能让读者觉得点开阅读就能在短时间内学到某方面的知识，能让其产生一种“赚到”的心理（如图 5-8）。

图 5-8　“数字”+“方法”组合型标题示例

不管是在微博、公众号还是朋友圈，像这种类型的标题，相信大家都看到过。利用汉字与数字的区分感，突出数字本身，使读者快速明白文章有多少具体内容，让读者迫切地想知道文章到底说的是哪些方法、技巧。我们来看一下“我犯过很多次错误，才学会的 6 条管理经验”，其标题就采用了这种方法。

在这个标题中，软文策划者以自己的经历现身说话，要点简洁，使人一目了然，加之数字的诱导，告诉读者可以学到经验，这样的标题就十分有吸引力。

5.3.3 “问题”+“数字”+“方法”完美型

很多人在写标题时，会用疑问的方式，提出一个很多人会遇到的问题，从而激发读者的好奇心。

这里我们所说的“问题”+“数字”+“方法”完美型标题，类似这种方式，先设问，提出问题，再加解决方法。例如，有这样一个标题：“还在为捕获女人芳心而烦恼吗？ 10 个细节教你快速捕获女人芳心。”这个标题很典型，先抛出问题，再用数字加方法来解决问题。

百雀羚为旗下的一款爽肤水做的软文推广，其标题就采用了这种方法："对抗初老，一只就够！"我们具体来看一下（见图 5–9）。

图 5–9　"问题" + "数字" + "方法"完美型标题示例

这个软文标题很简短，有力量且有独到之处，标题的设计不得不让人称赞。先抛出问题"如何对抗初老？"，这个问题对于大多数人，尤其是女性朋友来说，无疑是一个大问题。接着，作者用数字加方法"一只就够"突出软文主诉。试问一下，如果你是目标受众，当你遇到这样的文章标题时，你还有抵抗力吗？

因此，善用数字技巧来设计软文标题，不仅能达到突出软文内容的目的，还能产生意想不到的推广效果。

5.4 跟读者有关的标题最吸引他

一个好的软文标题能在很大程度上激发读者的阅读欲望。根据相关调查显示，一个优秀的软文标题能为软文带来 50%—90% 的阅读率，一般的软文标题可以为软文带来 20%—50% 的阅读率，而一个较差的软文标题仅能为软文带来 5%—20% 的阅读率。不言而喻，一个好的软文标题有多么重要。

那么，怎样才能写好软文标题呢？事实上，通常跟读者有关的标题最有吸引力。

有这样一个标题“明天晚上深圳有大暴雨”，很多人在看到这个标题的第一反应是：“没什么大不了的，下雨是常事，又不是没见过。”但是，如果把标题改成“明天深圳暴雨会致使公交线路瘫痪，市民出行需注意”，这时候读者该着急了，为什么呢？因为这件事和他们有关了，暴雨会导致公交线路瘫痪，导致出行不方便。他们会点进去看看暴雨会持续多长时间，对他们的生活影响有多大。因此，在设计软文标题时，尽量写跟读者有关的内容。

5.4.1 站在用户角度拟标题

在设计软文标题时，一定要站在用户角度去思考，用户最有可能会使用怎样的搜索关键词去寻找能够解决问题的答案。

我们以产品推广类软文来说，用户在不同阶段购买产品时所使用的搜索词是不一样的。那么，我们在设计软文标题时，要根据用户在不同阶段的需求和使用的搜索词来设计，这样，你的软文才能精准地达到推广效果，我们用图来具体说明一下（见图5-10）：

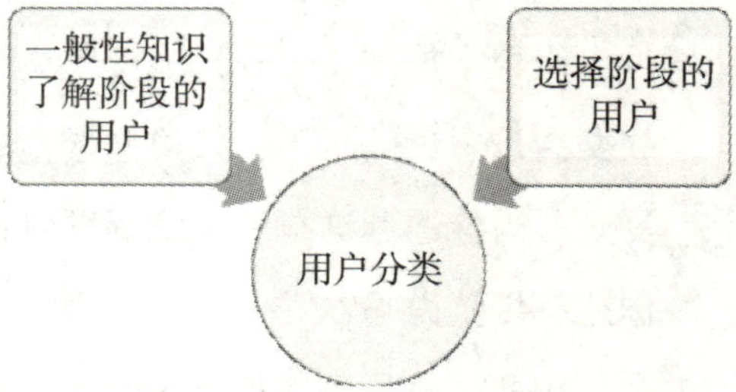

图 5-10　对用户进行阶段分类

为了便于大家理解，举个例子。假设你的软文是向用户推销颈椎病医院的，如果你的软文只是针对就颈椎病进行一般性知识了解的客户，通常，他们搜索的关键词一般是“颈椎病的表现、症状”等。那么，你在设计软文标题的时候，可以是“颈椎病的症状（表现）有哪些”诸如此类的。

如果你的软文是针对选择阶段的用户，他们的搜索关键词往往是“治疗颈椎病”“本地”“医院”等。那么，你的软文标题可以是“某某城市颈椎病医院是符合国家标准的权威医院”或“某某城市符合国家标准的权威的颈椎病医院”。这样，你的软文标题就能匹配你所设定的目标用户最关心的问题。

如果你的软文标题能接近用户或读者的提问，能够满足他们的需求，那么将很大程度上提升软文的吸引力和销售力。

5.4.2 带给用户实实在在的价值

一篇能带给用户实际价值的软文，可以瞬间带来很大的转化效果。此类软文推广成功的经典例子就是“脑白金”了，它解决了许多人不知道送礼送什么好的大难题。因此我们在写标题时，需要从带给用户的价值着手。例如：“周末在这里，你将得到这些……”

很多时候，我们会看到一些以“我”为视角的软文标题。可是对于用户来说，一个好软文标题通常是不会出现“我”的。为什么这么说呢？如果标题使用第一人称（我）来叙述的话，很容易跟用户产生距离感。

与此同时，标题的真实度和可信度也会降低。就像在生活中，你在他的面前去说他的好话，与你在别人面前去说他好话后传到他的耳朵里，两者所得到的效果是不一样的。所以我们总结了一点：一个优质的软文标题其中十分重要的一条准则是带给用户实实在在的价值。在设计软文标题时，尽量不要用第一人称来叙述，而是让软文标题充当一个人的角色来与读者聊天，并让软文内容和读者把天聊好。

我们来看一下著名化妆品欧莱雅的一篇推广软文，其标题就很好地诠释了这一点（带给用户实际的价值）：“这一‘刻’，你就是女神！”（见图5-11）。

图5-11 欧莱雅的推广软文示例

标题采用第二人称的方式来叙述，增加了亲切感，无形之间拉近了与读者的距离，能让读者很自然地接受软文策划者的观点，同时最大程度带给了用户价值，使软文更有说服力。

因此，要写好软文标题，首先，你必须站在用户的立场，设身处地，抓住关键诉求点。多用“你”，少用“我”，带给用户实际的价值是写好软文标题的一大准则，掌握这点，你便可以写出出色的软文标题。

5.5 化繁为简的解决方案式标题

在互联网快节奏时代里，资讯泛滥直接导致人们的阅读习惯发生了改变。在很多时候，人们阅读软文往往是为了寻找解决问题的方法或答案。我们可以通过抓住读者的需求点（解决问题的方法或答案）来设计软文的标题。

我们总结了一下：一般情况下，带有解决方案式的标题很能吸引读者关注。

例如，“家庭净水的 6 种解决方案”“这 6 种减肥方法，总有一个适合你”等，这些标题通常能够吸引读者阅读，其原因在于标题中展现的解决方案十分迎合读者，这些正是读者内心想要寻求的答案，从而使读者产生兴趣，给读者留下深刻的印象。

那么，我们在标题设计时如何嵌入解决方案呢？下面的两种方法不可忽视。

5.5.1 提问 + 解决方案

我们说过，疑问能勾起读者的好奇心理。然而，提问大多是基于读者心中的疑问出发的，因此，提问加解决方案的标题能拉近与读者的距离，与此同时，还能一针见血地解决读者的疑问，激发读者的求知欲。

我们来看这样一个标题：“PS 靠自学能学会吗？答案全在这里”，

仅通过这个标题，读者可以得出：这是一篇总结如何自学 PS（即 Photoshop）的文章。

这个标题通过提问的方式来发人深思，再附上解决问题的方法，增强了标题的说服力，使读者对标题没有抵抗力，从而激起读者阅读文章内容的欲望。

读书郎学生平板在微信公众号发布了一篇软文，其标题就很好地运用了这种方法。“英语复习还在死记硬背吗？这些方法要用上”，我们来分析一下这个标题（见图 5-12）。

图 5-12　提问 + 解决方案式标题示例

标题牢牢抓住读者的痛点（英语复习死记硬背），这个痛点是很多读者内心纠结的问题。通过提出问题的方式拉近了与读者的距离，加上解决方法，使标题具有穿透力。通常这样的标题能够很容易得到读者的关注，让读者产生兴趣，激发他们去思考，从而产生共鸣，给读者留下深刻的印象。

这种方法写作难度不高，软文策划者可以采取一问一答的形式。这种形式比较容易融入产品广告，适合产品推广类软文。

5.5.2 直接陈述解决方案

软文标题中直接陈述问题的解决方案是相对简单的一种标题设计方式。通常情况下，这种软文会在标题上直接告诉读者全文的主要内容是什么，能给读者一个明确的阅读思路及方向。

大多数人都属于拿来主义，对于现成的东西拿过来即为我所用。所以直接陈述解决方案不仅可以解决读者的问题，还能达到推广产品的效果。

不管是在微博还是在朋友圈，我们经常看到这种形式的标题。例如“快速区分人民币真假的 7 种方法”“淘宝店铺获得流量的秘籍”“办公室生存小技巧”等。通常这种标题的软文阅读量都很高，原因在于这类标题的文章直接陈述出解决问题的方案，能够迎合读者的需求。

如江中集团旗下猴姑米稀的软文：“@ 所有人，驱走春困这里有妙招！”（见图 5-13）。这篇软文吸引人的地方不是华丽的文采，而是标题给人印象深刻，其标题就采用了这种方法。

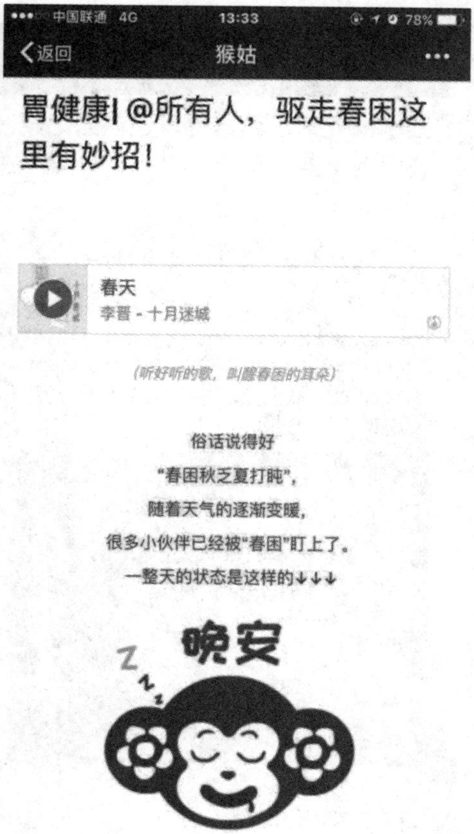

图 5-13　直接陈述解决方案式标题示例

仅从这个标题上看，作者采用直接陈述解决问题的方法，简明扼要，使读者产生共鸣。毕竟这关系到很多人的生活质量问题，标题成功抓住用户的心理，给用户带去希望。不但标题简单，而且软文的质量也得以提高。毫无疑问，大多数人在看到这个标题时会选择继续阅读下去。

因此，能道出消费者心里所想的问题，再附上其解决问题的方法，化繁为简，这种解决方案式标题足以吸引读者去点击并阅读。

5.6 戳中人心、感人肺腑的标题

前面几节我们介绍了几种设计软文标题的形式，接下来，我们再来谈论一种戳中人心、感人肺腑的标题。有时候，这种标题给读者带去的是凄凉、悲伤的心情，也可能是高兴、感人的体会，还可能是激动人心的感觉。总之，是能写到读者心坎里去、引起读者共鸣的标题。

如何让软文标题戳中人心、感人肺腑呢？我们总结了两个可供参考的方法，如下：

5.6.1 以事感人

生活中，故事一直陪伴在我们身边，好像是我们不可或缺的小伙伴一样。

通常，人们在看到故事类的文章时，都无法抗拒。故事型标题在软文标题设计中较为常见，也是较能吸引读者眼球，较能感动读者，吸引读者阅读的标题之一。很多时候，读者都是冲着故事来阅读文章的。

例如：“一个襄樊汉子与他的世纪华峰装饰品牌梦想”（某装饰公司软文标题）“重庆美女创二代让家族秘制美食‘触网’！还要做成江湖菜……”（淘宝论坛软文标题）

以故事为主的软文标题，可以从感官、思想、心理上刺激读者，戳中人心，吸引读者阅读，引发读者情感共鸣。因此，这类标题很能给读者留下深刻的印象。

如快方送药在微信公众号推广的软文标题就是这样的，我们来具体看一下。标题：“我最大的动情，就是诚心地送了母亲一份互联网礼物——快方送药！”（见图5-14）

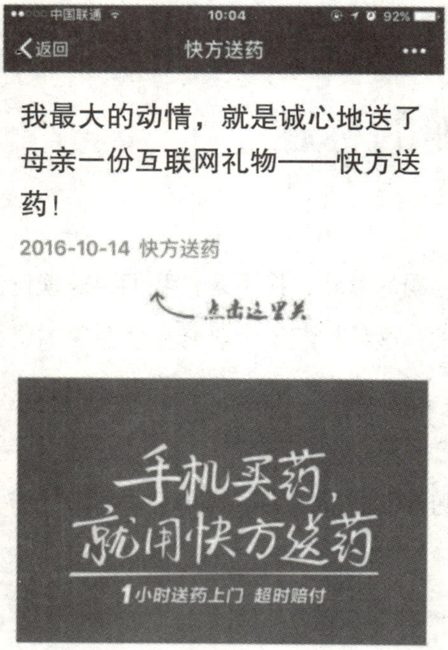

图 5-14 以事感人标题示例

这是快方送药两周年庆时在微信公众号推出的一篇推广软文。在标题上运用故事的形式，成功加入“感情”元素，戳中人心，使人们对快方送药有了全新的看法。

当读者看到这个标题时，不禁会想：“发生了什么事？这个人怎么了？怎么能把给自己母亲送药当成礼物还倍感欣慰？送什么东西不好偏要送药？”这时候，软文标题就成功地给读者留下深刻印象，读者会为标题所引领，会忍不住想要了解故事的真相。不得不说，这是一个很成功的软文标题。

5.6.2 以情动人

在这个世界上，无处不存在着爱情、亲情与友情，我们处处都被“情”包围着！所以，要让标题戳中人心、感人肺腑，我们可以借助以“情”动人这点。在设计软文标题时抓住一个“情”字，晓之以理，动之以情。用“情”来感动读者，是软文标题设计行之有效的方法。

很多成功的软文标题都采用了这点，例如：“老公，烟戒不了，洗洗肺吧！”（某保健品软文推广标题）“我爱生活，但却更爱你。”（某软件软文推广标题）“春分十里不如你。”（某网站软文推广标题）

在这些充满情感的软文标题上，我们几乎看不到产品信息，但不得不说，这样的标题，其感染力是十分惊人的。标题充分利用“情”字，深入读者内心深处，与读者产生共鸣，这也正是标题最吸引人的地方。

以情动人的标题最适合下面几类产品的软文：保健品、医药品、护肤品等。云南白药公众号就有这样一篇十分引人注目的软文，其原因不在内容而在标题。标题是这样的：“我们总是忽略，回家才是最好的治愈”（见图 5-15）。

图 5-15　以情动人标题示例

从图片上可以看出，这是云南白药气血康口服液的推广软文。“回家”是每个人每天必须经历的事情，结合图片，我们可以看出，标题体现的是亲情。软文策划者拿亲情做文章，说出了用户的心声，引起了消费者的情感共鸣。

这种标题形式最适合两群人：孝敬长辈的子孙、疼爱丈夫的妻子。软文可以采用故事为主题的形式，把产品的购买者与使用者分开，软文主要针对的是购买者。因为购买者与使用者之间有着一种附属的亲情关系，我们在设计标题时，要抓住这点，引起消费者亲情共鸣的同时，让消费者在亲情的驱动下认同、购买产品。

5.7 运用“饥饿营销”的限量式标题

很多人也许会有疑问，设计软文标题跟“饥饿营销”有什么关系？答案是有关系的，首先看一下什么是“饥饿营销”。

所谓“饥饿营销”，是指企业通过限制产品供给端的量来影响产品最后的售价，以便达到产品加价的目的。

通过控制产品的供应，以造成市场供不应求的假象、制造抢购气氛等，这些都符合“饥饿营销”的特点。简单地说，“饥饿营销”就是抓住消费者好奇与逆反心理，建立在消费者求新求快、求购心切的心理上来营销自己产品的一种方式。

在设计软文标题时，我们也可以采用“饥饿营销”的方式，抓住消费者的好奇与逆反心理，运用“饥饿营销”的限量式标题，激发消费者的购买欲望。我们可以用 iPhone 手机的软文案例来说明“饥饿营销”方式的软文标题的好处。

2017 年年初，苹果公司发布了一篇有关 iPhone 8 的推广软文，其标题就采用了“饥饿营销”的方式。标题是：“iPhone 8 预定仍在 9 月份，或严重缺货！”有消费者正巧对 iPhone 8 有需求，那么，当他看到这个标题时，会毫不犹豫地点击去关注。接下来或许在某个时间里，就促成了产品交易。

言归正传，既然“饥饿营销”效果显著，那么，我们该如何运用“饥饿营销”来设计限量式标题呢？以下方法不可忽视。

5.7.1 标题中加入“错失良机”等关键词

在讲掌握软文标题写作基本功时，我们说过，软文标题需融入关键词。

在日常生活和工作中，我们常常碰到这样一些现象，某某品牌做“限量版销售”“秒杀”等活动，往往这些产品的销量都很高。因此，我们在设计软文标题的时候，加入能体现“饥饿营销”的关键词很重要。那么，哪些关键词能体现“饥饿营销”呢？例如，“错失良机”“机不可失”“趁早”“限量”等，这些都是体现“饥饿营销”的关键词。

在软文标题中加入这些关键词（这类关键词有很多，在这就不一一举例了），不仅可以放大产品的号召力，维护品牌形象，还能强化消费者的购买欲望，从而使商家获得稳定的收益。

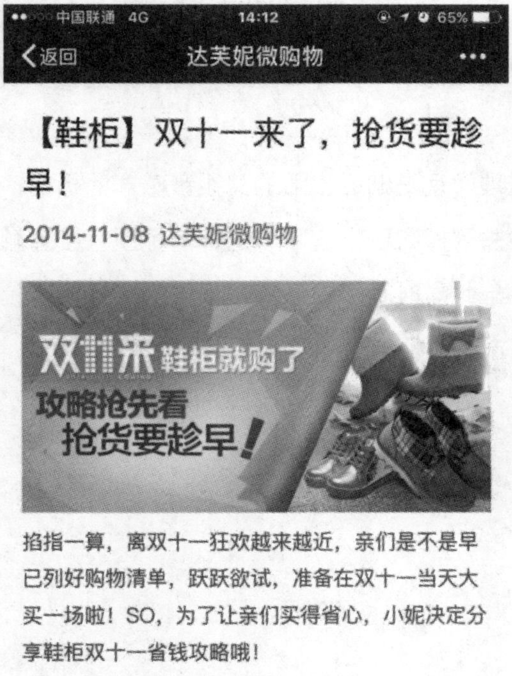

图 5-16　标题中加入“错失良机”等关键词示例

2014 年“双十一”，达芙妮鞋柜促销软文就成功运用了这点。这种运用主要体现在标题的拟定上。达芙妮的软文文案标题是：“双十一来了，抢货要趁早！”（见图 5-16）

这个文案的标题及时抓住了“双十一”促销的关键词，因此，这篇文案获得了很多粉丝的浏览和关注。在“抢货”“趁早”的引导下，人们对达芙妮鞋柜的兴趣徒增。

这种标题非常适合促销类产品推广文案。我们在设计软文的时候，还需要根据产品卖点，结合市场流行的热点，抓住消费者的求购心理，加入关键词，这样的文案才能得到优化，让消费者感受到其中的力量，从而点击阅读。

5.7.2 贴近生活实际所需

在应用“饥饿营销”的限量式标题过程中，标题还需要贴近生活实际所需，毕竟消费者的实际需求起着决定性作用。

“现代营销学之父”菲利普·科特勒曾说过：“欲望、需要和需求其本质是不相同的。欲望的实现是将欲望转化为需求，其中必须要有购买力来支持。”

在产品推广初期，如果我们一味地制造产品供应紧张的气氛，造成供不应求的假象，进而提高产品价格来实现丰厚利润的方式，是不可持久的。通过不断地了解、掌握信息以及消费心理的日渐成熟，消费者会对此越发麻木；

再者，由于物质的丰富，直接竞争产品或者替代品的进入，会使消费者的注意力分散，如果竞争产品也模仿“饥饿营销”，那么，这一“谎言”会不攻自破。

在写软文时，也要遵循这个道理。凡是贴近生活的“饥饿感”的标题，往往能够让人们在第一心理上想要去窥探和研究。因为这样的标题直接会触动到对方心里面最迫切的需求点。与此同时，标题还要贴近生活实际所需，要站在消费者的角度想问题，这样才能使标题更加真实可信。

第 6 章

开篇：纵然只言片语，也要惊艳全场

好的开始等于成功了一半，写软文也一样，纵然只言片语，也要惊艳全场。软文的开篇好坏常常决定着用户是否继续阅读，所以开篇写得好，是好软文的一个首要前提。那么如何在寥寥数语的基础上将开篇展现出美丽的画卷呢？这需要切实可行的方案，本章综合开篇的多种形式，总结出了多种不同的开篇技巧。

6.1 巧用“问候语”击退大脑的“门卫”

“问候语”是任何文章都适用的开篇方式，也是最常见的开篇方式。好的问候语可以击退用户大脑的“门卫”，占领用户心智。

下面来看一下雪佛兰新款智能汽车的推广软文的开篇：

打开尘封20年的记忆，当年看着科幻片中无所不能的智能车辆，你想象过现在所开的汽车，实现的就是当年的科幻吗？

如果你和我是一个年代，那么一定不会对我下面说的陌生，也一定不会对这个故事陌生：

一辆无坚不摧，聪明如你还会说话的跑车；

一辆装备超高科技系统的卡车；

一位每集都可以迷倒一位女主的特工……

这样的场景，你若坐进我们搭载自然语音识别的探界者，也许真的会感觉到似曾相识。（见图 6-1）

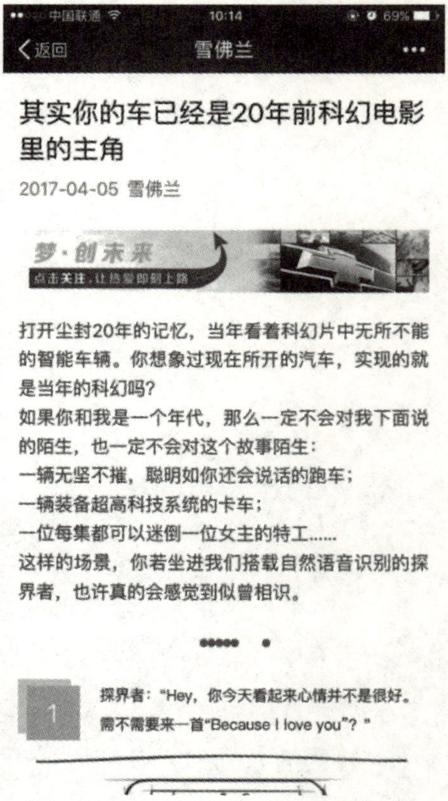

中国联通 10:14 69%

返回 雪佛兰 ···

其实你的车已经是20年前科幻电影里的主角

2017-04-05 雪佛兰

梦·创未来

打开尘封20年的记忆，当年看着科幻片中无所不能的智能车辆。你想象过现在所开的汽车，实现的就是当年的科幻吗？
如果你和我是一个年代，那么一定不会对我下面说的陌生，也一定不会对这个故事陌生：
一辆无坚不摧，聪明如你还会说话的跑车；
一辆装备超高科技系统的卡车；
一位每集都可以迷倒一位女主的特工……
这样的场景，你若坐进我们搭载自然语音识别的探界者，也许真的会感觉到似曾相识。

1 探界者：“Hey，你今天看起来心情并不是很好。需不需要来一首“Because I love you”？”

图 6-1　雪佛兰推广软文的开篇

这个开篇十分惊艳，因为在这个开篇中，我们看到了自己想象中的科幻模样，回到了当年那个爱做梦的时代。作者一开始用设问的问候方式，击退了我们大脑的“门卫”，让我们进入了作者布置好的场景之中。很显然，这种“问候语”的方式非常巧妙，也非常有效。

下面我们具体分析一下“问候语”该如何设置。

6.1.1 了解大脑的“网状激活系统”

首先我们先了解一下大脑的“网状激活系统”。举个例子，如果你想买一瓶饮料，然后走进一家便利店。在便利店的货架上，一大片饮料瓶几乎都千篇一律，无非就是花花绿绿的瓶子，以此来分辨哪些是可乐，哪些是果汁，哪些是凉茶……如果你没有特殊的爱好，那么你会选择哪一瓶呢?

通常情况下，影响人们选择饮料的因素有包装、体积等，而其中包装上的“问候语”毫无疑问是很重要的一个因素。很多时候在消费者做决定的那一瞬间，哪个饮料瓶上的“问候语”抓人眼球，消费者就会选择哪个。

为什么会出现这种情况呢?

因为在我们的脑干中央核心区域有一部分相当密集的脑细胞，叫作“网状激活系统”，它用来扫描和过滤可以进入大脑的信息。通俗一点来说，它是大脑的“门卫”，只有两种信息被允许通过——当下具有价值的信息和提醒威胁或危险的信息。

了解了“网状激活系统”之后，我们在软文的开篇中就要特别注意它的作用，然后巧妙运用有价值的信息来击退大脑的“门卫”。

6.1.2 问候语要体现出阅读价值

为了能够让开篇语更有吸引力，我们需要在问候语上做一些文章，要充分体现出它的阅读价值。

很明显，软文的开篇中，需要重视价值信息的植入。例如，滴滴出行在这方面就做得很好。

滴滴出行的一篇软文开篇是这样的：“李白给你发起了一个邀约，接受吗? ”另一篇软文开篇是这样的：“这个红包静悄悄。”

我们来分析一下这两个开篇：

“李白给你发起了一个邀约，接受吗？”这是疑问句，用“李白”这个古代人物提出邀约，让人们大脑活跃起来。这远比用一个普通人来喊话更有趣味。这种方式还体现出了悬疑色彩，人们会不禁思考：“李白”会发出一个什么样的邀约呢？到底接不接受呢？带着这些疑问和好奇，人们会继续阅读下去。

“这个红包静悄悄”，这个问候更是直接打开了大脑的“网状激活系统”，因为这个信息是有价值的信息，尤其对读者来说，抢红包已经成为当下刺激大脑的一个有效方式。再加上“静悄悄”这个词语，更显得红包份数充足、神秘十足，因此也会瞬间抓住读者的眼球，激发读者继续阅读。

因此，在问候语中体现出阅读价值，就是在告诉读者，阅读本文确实能带给他一定的好处。比如上述的领红包是一种方式，再如给读者解决难题、为读者提供一些实用的东西等。例如某旅行公司在 2017 年清明节之后发布了这样一篇软文，开场问候是这样的：

清明小短假已经过去了，可是小编觉得太短了。没事，周末不是要来了吗？可以计划来个小短游。这个地方保留了自己最原始的样子，相对桂林多了几分静谧，坐落于湖南、广东、广西的交界处，被称为“粤港澳后花园”！（见图 6-2）

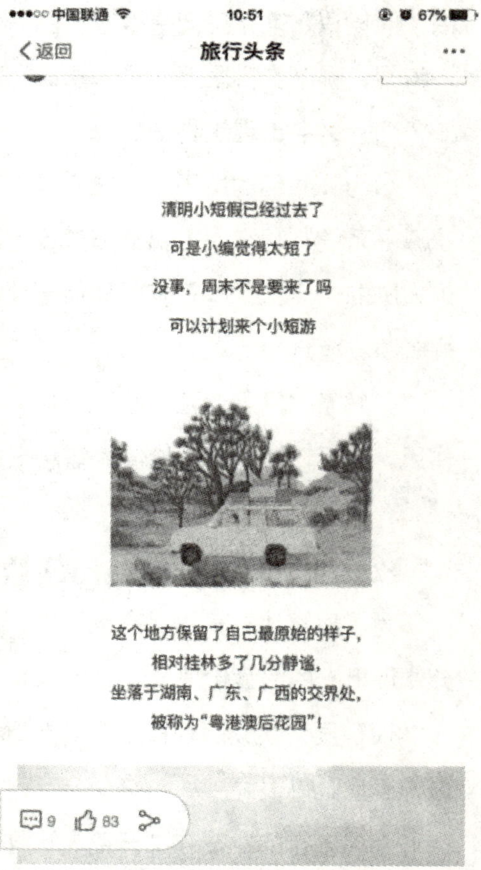

图 6-2　某旅游公司的服务推广软文开篇

读完这些之后，人们会有两种心绪：第一，每天都希望有假期，可以出去旅游；第二，到底这个“粤港澳后花园”在哪里?

第一点，企业抓住了人们想要旅游的心理，引出了如何利用短暂的周末制造一个短游的设想；第二点，企业抓住了人们的好奇心和猎奇心理。无论从哪一点出发，都体现出了极高的阅读价值，进而让读者迫切地继续阅读这篇软文。

6.2 蹭个热点，让他乖乖往下看

人们总是会对娱乐八卦、时事热点等信息无比感兴趣。比如某某国家地震、某某游轮沉没、某某总统竞选失败、某某明星分手等。即便这些信息跟读者一毛钱关系都没有，但读者也愿意去看。

这就是热点的魅力，由此，我们在写软文的时候，为了吸引人们去阅读，开篇可以赠个热点，吸引人们的眼球，为你的软文增加热度。

6.2.1 用流行热点点燃读者的阅读激情

在软文开篇中，我们尽管蹭热点，而且一定要用流行的热点来点燃读者的阅读激情。在这里我们总结出三大领域的流行热点：

第一，娱乐热点。含有明星绯闻、热播影视剧等内容的文章都是人们非常喜欢去点击和阅读的，所以，不妨在开篇时，加入娱乐热点元素，带领用户进入娱乐的氛围中，然后慢慢引出你的主题内容。

2017 年年初，在网络上特别流行“香港胃”“广东胃”“台湾胃”等，一时间这个流行热点遍布微博热搜。于是《时尚旅游》也借助这个热点，并且结合娱乐明星，推出了“明星 + 美食 + 旅游”的文章模式，尤其是在软文中更是采用了这种方式。例如“陈奕迅的香港胃”这篇软文（见图 6-3）的开篇是这样写的：

> 结束完一天工作以后，整个人疲惫不堪。这时候即使珍馐海味摆在面前，你也不会看着它们两眼发光，但是一碗牛肉切块、飘着零星葱花、热气尚未消止的汤面，定会叫你热泪盈眶。
>
> 无论是普通人，还是名人，都需要一碗充满烟火气的面。娱乐圈里最爱吃面的非陈奕迅莫属，明知一定会有狗仔跟拍，还是顶不住胃的呼唤，在镜头下吃完一碗又一碗的猪扒面、油渣面、牛腩面、日式沾面……

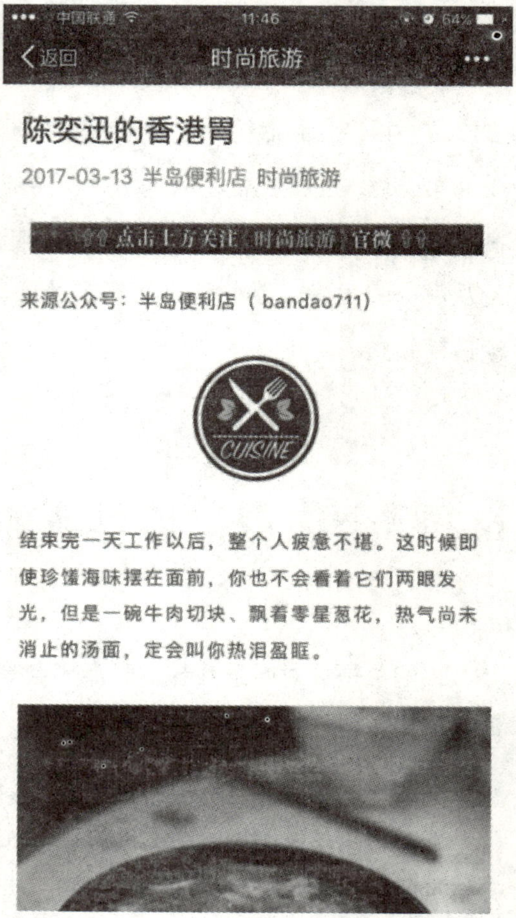

图 6-3　软文“陈奕迅的香港胃”

既有热点又有娱乐明星，这样的开篇一定能引起人们的关注。

第二，时事新闻。人们对一些国家大事、世界新闻通常也比较关注，尽管这些事情大多距离自己很遥远，但是人们也愿意参与其中。软文开篇可以加入一些国际和国内当前热点时事，激发读者的“主人翁”精神，满足读者参与国际和国内大事讨论的欲望。

第三，专业领域内的流行热点。这一点主要针对的是你所推广的产品专业领域内的大事。例如，如果你写的是 IT 行业内的产品推广软文，就可以以 IT 行业最新流行动向来开篇。

6.2.2 越八卦的噱头越能激发人们阅读欲

此外，在蹭热点的方式上，我们需要意识到这一点：越八卦的噱头越能激发人们的阅读欲望。俗话说“人人都有一颗八卦心”，在软文开篇中，越多八卦的信息，人们越有欲望去阅读。这也是很多房地产、保险行业的软文都习惯用八卦噱头写软文的原因。

夏普公司推广产品时有一篇软文：“原来女明星最怕的不是摔倒和撞衫，而是……”这个软文仅从标题上就十分有八卦噱头，激发人们的好奇心前往阅读。

开篇是这样写的：（见图 6-4）

小夏有一个酷爱八卦的朋友，经常感叹女明星是地球上战斗力最强的物种，有一次，小夏和她之间出现了如下一段对话——

“哈哈哈，我终于发现了女明星最怕的东西，你猜是什么！”

“红毯撞衫？”

“不对！”

“穿着恨天高摔倒？”

“不对！”

“身上的赘肉不听使唤？”

“都不对！”

……

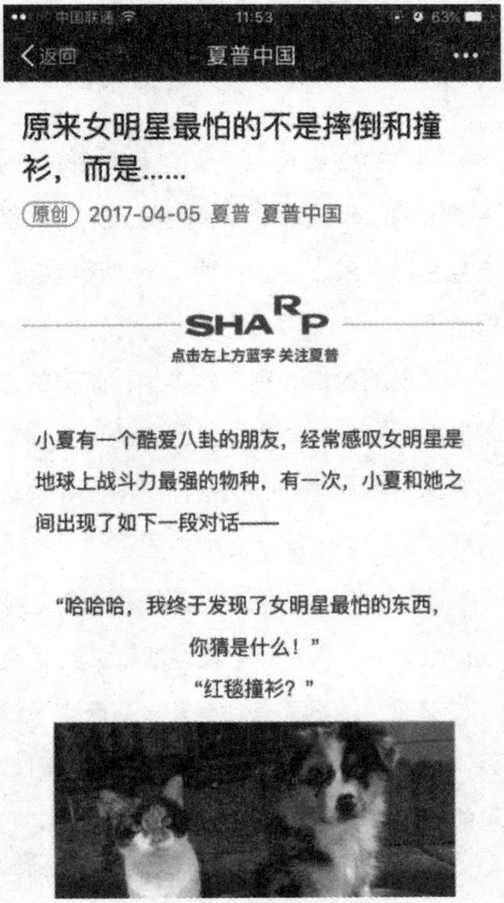

图 6-4　夏普的娱乐八卦式软文开篇

这个开篇十分有意思，作者自问自答，同时也呈现了人们爱聊八卦的心理和表现。一系列的问答，不断勾起读者的猜测，到底是什么比让女明星撞衫、摔倒、长赘肉还可怕？后来，作者给出了令人惊讶的答案：女明星最害怕的是高清屏幕，因为高清屏幕可以把身上的缺点放大得一清二楚，从而引出夏普电视的高清分辨率屏幕等特色。

所以，想要快速吸引人们的眼球和阅读，需要蹭一些八卦消息，噱头越大越好，这样可以让你的软文开篇起到一个重要的引导作用，吸引读者眼球的同时，获得更多流量。

6.3 营造代入感，让他一开始就感同身受

所谓软文代入，就是指读者在阅读时，把自己想象成软文中的主角，套入塑造的故事里面的一种行为。结果就是读者随着软文中的事情起伏发展而产生喜怒哀乐。在这种情况下，读者会积极参与到故事中去，获得强烈的心理感受。

自己的事情和别人的事情，带来的必然是截然不同的感受，就好比我们看奥运会时，如果有自己国家的选手参加比赛，观看时的心情会和没有自己国家选手参赛时的心情截然不同。如果选手是我们喜欢的队员，或者是我们的朋友，关心程度就更加不同了。

所以，代入感能让读者更深入软文剧情，更迫切想知道到底发生了什么。概括来说，代入感可以使你的软文具有更强的吸引力。

然而，凡事都有利有弊，在获得了这些好处的同时，代入感也会带来负面作用，那就是当结果不能满足读者时，很可能会让读者直接放弃阅读，还可能会出现读者谩骂的现象。

当然，在软文写作中，我们必须规避这些代入感带来的负面效应，只保留它好的影响。所以，对软文作者来说，在软文中营造一种好的代入感，是

软文走向成功的一个方法。

那么如何才能加强代入感呢?

6.3.1 视觉和听觉上的代入

如何营造软文的代入感，给读者带去感觉良好的开篇? 首先要从视觉上去营造代入感。

视觉代入感最大的关键点，是需要展示出软文作者文笔的不凡功底。视觉代入感是使用旁观者的角度去描绘软文里发生的事情，让读者感觉自己就在见证事情发生一样，带有强烈的感情色彩。

我们可以举个简单的例子："露西捡到一枚戒指"。

视觉代入感的开篇描述是这样的：

远远看上去露西站在原地四处张望着，从她的背影可以看出她十分焦虑。突然间她看见地上有个亮闪闪的东西。露西蹲下去轻轻地捡起来，原来是一枚钻戒……

这就是一种视觉代入感的开篇写法，十分简单。短短的几句话，就让读者代入这个故事的开端。接下来读者一定想知道这个钻戒是谁掉的，露西是什么反应等。

其次是营造出一种听觉上的代入感。

听觉作为人体的第二感知系统，在神经高度集中的情况下，很容易变得异常敏感。听觉代入感通常会与视觉代入感同时使用。在一些网络小说中，经常在出现的悬念、恐怖、紧张等气氛下，网络小说作者会使用这种听觉代入感的开篇手法。声音的直接作用就是进行未知的心理恐吓。也就是说，听觉代入感会与心理共鸣同时存在。

一般听觉代入感作怪的情况下，心理暗示一定会跟上来。所以在写软文时，千万不要忽略了听觉的代入效果。

例如有篇软文一开始便写道：

马洪突然听到身后“嘭”的一声，他不敢回头看，只感觉心脏就要跳到了嘴里，这个声响好像是枪声，又好像是炮声……

这种听觉上的氛围会让读者代入软文中，让读者很想知道接下来到底发生了什么事情，到底是什么声音让马洪产生恐惧。

6.3.2 营造环境代入感让读者感同身受

除了上述的视觉和听觉之外，在软文开篇中，想要营造出代入感，还需要在环境描述上加入代入感。环境代入感是代入感强的一个基本要素，往往那些文笔比较成熟的软文创作者最看重环境描绘上的代入感。

环境因素是人体整个感知系统的最大影响因素，往往一些软文会出现阅读感苍白的现象，原因就是缺少了对环境的描绘。

描绘一个环境的要素包括光线、声音、物品、场景等，这些要素的构成让整个环境更加真实，更加有画面感。如果做到了对环境的细致描绘，你的软文一定会达到较好的代入感渲染效果。

下面来看一下某房地产公司的房产推广软文开篇：

春来百花盛，夏至鸟虫鸣，

秋后果满园，冬里暖阳来。

任时光流逝，日月穿梭，

唯愿于此四季流转，好景长存。

这是一处让三代人悠然生活的院墅庭院，既有琴棋书画诗酒花，亦有柴米油盐酱醋茶。中央公馆，这里有生活该有的样子。

几句话的环境描述，让读者在大脑里形成了一幅优美的画卷，仿佛自己置身在这个春暖花开、满园硕果的庭院之中。这样的开篇充满了强烈的画面感，同时使人产生美好的向往。

通过这些方法，可以让读者在阅读软文开篇时，快速感同身受，陷入其中。不管你是菜鸟软文写手，还是软文高手，都要熟悉营造代入感的开篇方法。

6.4 巧用暗示，提示下面的高阅读价值

暗示是最好的开篇。这就好比我们和别人谈判时，如果双方僵持不下，最好的处理方式就是给对方一个暗示，提示如果达成协议，他会得到什么好处等。换句话说，给他带去高价值回报，让他心动。

写软文也是如此，我们可以在软文开篇中巧用暗示，激发用户的阅读欲望。

6.4.1 吊胃口暗示法

在软文开篇中，最有效的就是吊胃口暗示法。这个方法说来有趣，就是需要用一两句话吊足用户胃口，暗示他继续往下阅读。

在这里有一个简单的技巧：深入用户群体，了解用户习惯，然后挖掘出用户的最大需求，最后将矛头直指这个需求。这样写出来的软文开篇自然而然就能吸引人们阅读。

例如，下面这篇软文“买不起墓地？我会选择最酷的葬礼”（见图 6–5）所写到的：

图 6–5 软文开篇中的吊胃口暗示法示例

偷偷告诉你，

看完这篇文章你会更努力挣钱。

这句话一目了然，给用户一种暗示："我倒要看一下这篇文章为何会让我更努力挣钱。"从这个开篇可以看出，作者抓住了当前人们的痛点和需求——挣钱，针对这一点，吊足了人们的胃口。

还有一种暗示的方法，是用一个事件的方式引出接下来发生的事情，但是并没有明确提出来，而是用暗示的方式告诉读者，如果阅读下去会发现有趣或者奇异的事情。总而言之，也是在抓住人们猎奇心理的前提之下进行心理暗示，这种伏笔，能够让你的软文开篇更加吸引人。

如下面这篇软文开篇是这样：

女友突然和我说分手，我问她为什么，原因竟然是……

仅仅这一句话，就能吊足我们的胃口，无论这是推广何种产品的软文，读者基本上都迫切地想知道为什么女友要提出分手。接下来软文是这样写的：

事情是这样的，一大早，我刚到公司，就收到了女友的微信，上面说："我们分手吧。我想换个男朋友。"

我当时整个人都愣住了，我和女友谈恋爱快 3 年了，感情一直很好，为什么突然说分手？我不假思索地回复她："为什么？不可以。"女友又回复："我就是要和你分手，我是认真的！"

这下我真的懵了。于是我豁出我的"脸皮"，说："我就像你买的面包一样，你咬了一口，人家能给你换个吗？"

女友发过来一个黑脸表情，随后说："就算你是面包，你也没有想象中的好吃！我要跟你分手！”

看到执意要分手的女友，我更加着急，甚至祈求女友说：“那你就凑合吃吧。”

然而女友却更愤怒了：“面包我不换了，我扔掉。”

我脑袋上已经出汗了，我问：“千万别啊，就算死也让我死个明白，我到底哪里做错了？”

女友这才终于告诉了我真相：“因为你这几天一直在上网，都不理我。”

我这才恍然大悟，说：“亲爱的，别生气了。你知道我上网是干什么吗？我在 ××× 商城给你抢了你最喜欢的限量版包包，只有这个商城才有卖，而且价钱合理，从美国直接空运过来，我抢了3天才抢到。快递今天就到了，乖乖等着收货吧。”

一开始用一句话的形式，将女友和作者要分手的事件引出来，给读者带去了暗示，吸引读者继续阅读。接下来顺理成章地将故事衔接起来，最后突出某商城的广告，这种方式可谓是故事与广告完美的结合，值得大家借鉴。

6.4.2 暗示的小技巧

在软文开篇中，巧用暗示固然是一种有效的方法。但是如果不注意一些小技巧和细节上的问题，很可能弄巧成拙，让阅读亮红灯。下面是一些实际运用中需要注意的地方：

（1）软文开篇之前要做足关于软文内容的准备，优质的软文内容在各个方面都要有一定深度。

（2）软文的脉络层次要搞清楚，这需要作者有一个整体的思路和框架。把握好节奏，才可以让开篇更加有分量。

（3）软文开篇要通俗易懂，符合目标受众群体的文化水平和生活理念。如果你在开篇中自以为是，不做用户调查，写出来的开篇很可能无法满足用户需求，甚至会让用户根本不明白你在说什么。因此开篇一定要考虑受众的需求和接受范围。

（4）软文开篇思想要积极向上，向读者传播正能量，一味负面地暗示，会变成不良的煽动。在这里，我们要特别说一下那些利用流行热点或者热门事件进行开篇的软文，即便流行热点或热门事件较负面，也应该结合你所推广的产品来选择较正面的角度进行开篇。加入暗示时，也要符合正面信息传播。

（5）软文开篇暗示中尽量避免太过严肃的形式，要适当加入一些轻快幽默的内容，太繁杂的数据或者古板的暗示，会让用户阅读的氛围变得极其沉闷。只有让用户在一个较为轻松的氛围中接受你的开篇，效果才好。

6.5 文艺清新，让她看起来感觉美美的

软文的开篇不仅要击中用户大脑的“网状激活系统”，更应该针对不同人群来进行。事实证明，阅读软文的很多用户都是女性读者。为了迎合广大女性读者的要求，我们的软文在开篇时，有时需要营造文艺清新的氛围，让对方阅读起来感觉美美的。如今在网络上，各种“小鲜肉”“小清新”等流行用语层出不穷，成为热搜，其中主要的助推力量就来源女性用户。

因此，女性用户应该成为软文营销的重要目标，而女性用户大多数都喜欢文艺清新的唯美软文。浪漫清新的开篇一定能够吸引这部分人的关注。

6.5.1 独白型开头，感染力拔群

文艺范儿的软文开篇重点体现在文字上能否打动用户，其中独白式的开头就十分具有感染力。曾经引起网友热捧的《舌尖上的中国》这个节目，就非常善于运用独白。节目的吸引力除了展示各地的美食之外，更重要的是朴实无华、情感流露的旁白。开场白一出来，人们就被深深带入这个节目之中。

所以，运用好独白十分重要。珂兰钻石的一篇软文的开篇是这样写的（见

图 6–6）：

这大概是每个女孩期望的爱情——

最美的时候，遇见；

最好的时候，相爱。

最温暖的浪漫的春天，

用一枚闪烁的钻戒，向她求婚！

无独有偶，珂兰钻石的同行钻石小鸟也在同一时间发表了一篇软文（见图 6–7），开篇更是将文艺范儿的独白发挥到淋漓尽致：

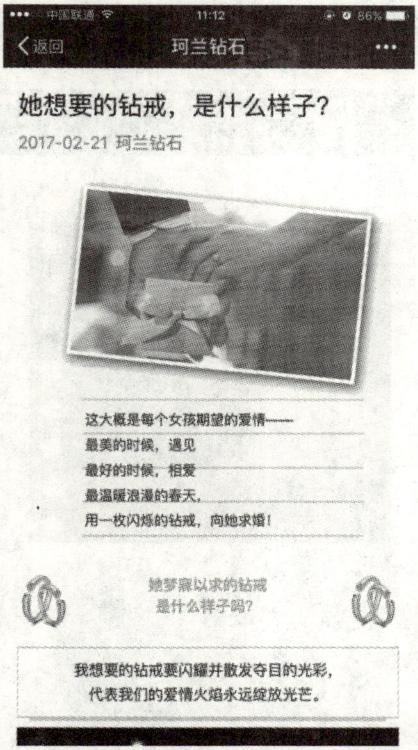

图 6–6　珂兰钻石软文文艺独白式开篇

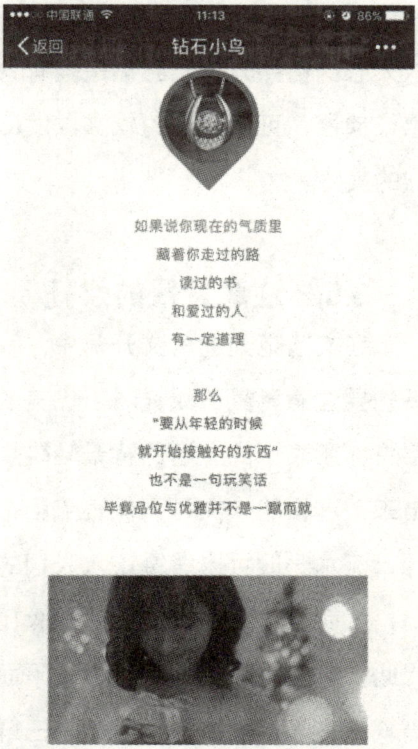

图 6–7　钻石小鸟软文文艺独白式开篇

如果说你现在的气质里，

藏着你走过的路，

读过的书，

和爱过的人，

有一定道理。

那么，

“要从年轻的时候就开始接触好的东西”，

也不是一句玩笑话，

毕竟品味与优雅并不是一蹴而就。

无论是珂兰钻石还是钻石小鸟，都从自身产品的角度用钻石般的闪烁形容爱情，感染人心。这种文艺如诗的独白开篇甚至不会让读者觉得这是在读一篇软文。它优美的字里行间无不透露出情感和浪漫、文艺与情怀。这种深入人心的情感开篇，必然是强有力的感染武器，可以让你的软文散发出强烈的美感。

6.5.2 注意背景的烘托

在文艺范儿的软文开篇中，我们特别要注意背景的烘托。用优美的文字将你所表达的主题的背景轻轻烘托出来，这样的软文可谓优美流畅，如行云流水一般可以缓缓沁入人们的心田，从而打开人们阅读软文的大门。因此，背景烘托很重要。来看下面这篇软文，一家花店为推荐初春的鲜花而做的软文推广，“那些粉色花束如春风般和煦”（见图 6–8）。

图 6–8　某花店文艺烘托背景的软文开篇

春风和煦，百花盛开，

京城已经正式进入了春季。

街边的桃花、梨花、玉兰等常见落叶乔木竞相盛开，

远处看过去梨花的净白点缀了浅浅的粉色桃花，

北京的街景陷入了一片粉白色的海洋。

这五行文字犹如五句优美的诗，道出了当时春风和煦的初春时节，把背景清晰又明媚地烘托了出来，给读者带去了轻松惬意的心情。这样优美的软文是读者无法抗拒的。

6.5.3 用名言警句做文艺开篇

使用名言警句来做软文的开头，一般都能很好地吸引用户。这样可以让你的软文显得更加有内涵和深度，也可以引领软文的内容，突显软文的主旨以及情感。

文艺青年一般文化素养比较高，软文如果用一些名言警句、谚语、诗词等句子来开篇，也能很好地打开文青圈的缺口，吸引大批人群阅读。

例如，在豆瓣上一位自媒体达人为一款无线耳机写的软文，开篇是这样的：

伏尔泰说过："发现新事物和做出新发现，是很大的满足。"

我终于顶不住买了无线耳机，一整天想走就走，想上厕所就上厕所，一键屏蔽外部噪音，摘下自动暂停各种黑科技，体验到了猴子第一次站起来用两条腿走路的那种新世界感。再也不嘲笑无线耳机了，无线耳机好，无线耳机棒。

这个开篇用伏尔泰的一句名言引出了作者的新发现。同时作者又十分生动形象地给我们描述出了使用无线耳机的好处。这样的开篇非常有趣，而且在一开始读者就会给自己适当的心理暗示，觉得这个作者会很有文采，懂得

很多。因此，用名言警句的方式来开篇，既能吸引读者，又能提高软文的可读性，是一种常见的软文开篇写法。

6.5.4 关注文青圈的兴趣

想要在软文开篇中将文艺特色发挥到极致，除了在文笔上要有较好的素养之外，还应该多关注文青圈的动态和趋势。了解文青圈的动态，可以根据文青的喜好来推出更符合他们口味的软文开篇。

这要求我们必须清楚哪些地方是文青们最爱去的。豆瓣、新浪微博、百度贴吧、堆糖等这些个性化的社区和网站，通常是文青聚集的地方。尤其是豆瓣，更是文青的天堂乐园（见图 6–9）。

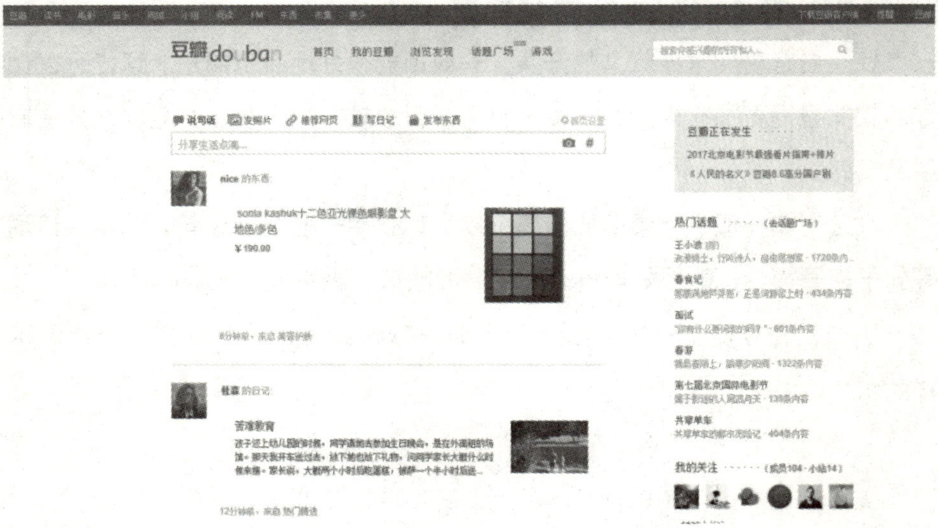

图 6–9　豆瓣首页

在这里，有读书、电影、音乐、阅读、FM、集市等各个文青非常喜欢的板块，更有大量针对不同爱好组建的小组，可以说这是文青聚集的天堂，也是文艺范儿的软文发布的最佳之处。

同时，在豆瓣我们还能清楚地了解当前文青们的最新动态、关注的热点、圈子等。了解这些信息之后，我们就可以在写软文时，写出更迎合文青口味的开篇。

6.6 抓痛点，第一句就要让他掉眼泪

痛点是什么？是人们的需求点，是能够让人们的需求得到满足之后就可以达到心理上感受高潮的东西。因此，在软文写作中，我们可以从痛点出发，找到这个点，然后在开篇点出来。

马云的那句“梦想要有的，万一实现了呢”，一下子戳中了正在奋斗的年轻人的痛点。许多人都受此鼓舞开始踏上了追梦道路，好像真的只要有梦想就一定会实现一样。

换个角度，如果马云这样说“无论梦想多么遥不可及，我们也要去奋斗拼搏”，还会激起那么多人去奋斗吗？显然答案是这句话不会引起人们的追捧。所以我们在软文的开篇中，想要表达自己的观点时，有时候必须换一种说法，这样才会让软文更激发用户兴趣。

如何才能在软文开篇中表达出用户的痛点需求呢？需要我们用设置情景模式深入用户内心，用直白的文字表达出用户内心的需求和面临的问题。例如虾米的这篇软文开篇：

又到周末了，睁开眼我问了自己三个问题：

是不是又没有人找我出去玩？

是不是又没有人找我看电影？

是不是又没有人找我去吃饭？

如果答案是“是的、是的、是的”，那么这一天唯一会碰到的人可能就是：外卖小哥。

首先，作者用提问的方式，把用户代入了一个无聊的周末时光，再用三

个问题直接戳中了用户的痛处。这个软文作者很明白自己的受众群体是哪部分人（正在奋斗的年轻人，通常是 80 后、90 后），而且作者也深知这部分人的追求和面临的现实问题，于是用这种直白的方式表达出了用户内心的痛处。

其次，还有一种方式可以在软文开篇中抓住痛点，那就是用第一人称的方式。第一人称在软文中的作用非同小可，因为第一人称可以让读者有很强的代入感，这种代入感可以让读者有一个近距离接触作者的感觉，拉近彼此的距离，而不是让读者空洞地读一篇文章。

此外，采用第一人称的方式写作还可以有目的地让作者营造出软文行动目标所需要的氛围、情境，以此来激发读者的情感体验，调动读者的阅读兴趣。用这种方式去写软文开篇，对渲染气氛，预热主题都有很不错的效果。如：

那夜，我正在赶写堆积如山的报告，妻子轻轻地走近我，把一杯冒着热气的牛奶放在了书桌上。透过这层层雾气，我可以感受到妻子那颗温暖的心。我的眼睛湿润了，我端起牛奶仔细品尝着这柔和的温度……

在软文开篇，想要戳中用户痛点，需要注意三点：

（1）一开始就要抛出一个有吸引力的人或者事情（也可以是作者自己）。这样一来，你的软文才能引起共鸣，让读者有代入感。

（2）从生活中找到戳中人心的事情或者事件。

（3）多用疑问句让读者自己打开心扉，戳中其痛点。

想要在软文开篇中打中用户痛点，还需要用一些具象的语句和词汇来表达。人们总是对那些具体的描述和形容感同身受，甚至会因为内容上的小细节而备受感动，甚至落泪。抓住痛点也是如此，如知名情感博主“几米漫画情”曾发表过这样一篇软文，开篇是这样写的：

我想要的未来，有房子住，

不用多大，最好窗外有阳光；

早晚有酸奶，一天能吃上苹果，

有锅给我煮汤，偶尔吃吃辣条，

逛逛公园，一年能陪爸妈几次；

有工作，有单反，有书看，有歌听；

朋友偶尔奔过来聚一起，

偶尔能到处走走，这样就很幸福了。

在这个开篇中，作者用具体的话语表达出了自己想象中的未来模样。房子不只是“房子”这个词语，而是“不用多大，窗外有阳光”；生活也不是用“简单生活”来形容，而是“早晚有酸奶，有锅煮汤，逛逛公园，陪爸妈……”这些具体的表达，直接抓住了当下年轻人的心理追求，自然也就能吸引年轻人去关注。

总之，想要抓住痛点，在一开始就让读者掉下眼泪，必须了解你的读者群体，然后针对这个群体进行攻心计策。从他们最担心、最劳累、最忧虑、最渴望的地方或问题出发，这样写出来的软文开篇才可以戳中他们内心最柔软的地方。

第7章

共鸣：我会说出你脑袋里的每一句话

如果阅读你的软文，无法让用户产生共鸣，这篇软文就算不上优秀，更不会带来流量和转化率。因此软文中能表达出共鸣很重要。如何才能表达出共鸣呢？我们需要化身“脑虫”，钻入用户大脑，说出对方想说的话。本章详细介绍了软文表达共鸣的方法，值得每个撰写软文的人去学习和借鉴。

7.1 站在对方的角度去聊天、去体验

众所周知，软文充满了商业味道，是为商家服务而诞生的，但在物质极大丰富且同质化的今天，它同样极其需要温度，需要体察消费者的需求，特别是情感需求。很明显，这也需要智慧和洞察才能下笔去写。

想要让消费者读到你的软文产生共鸣，就要站在对方角度去聊天和体验。读懂了消费者，你写出来的软文才能让他们产生共鸣。

7.1.1 体验读者的生活

莎士比亚说："一千个人心中有一千个哈姆雷特。"如果你在创作软文时完全沉浸在"自嗨"之中，那么软文写得再漂亮优美，也不能让人产生共鸣。真正的共鸣可能不需要华丽的辞藻，但是能直指对方的内心，这需要我们去体验读者的生活。

例如你为某冲浪运动品牌写软文，仅依靠上网查询的资料来写，恐怕写出来的软文十分官方刻板，不够生动和真实，自然就无法引起共鸣。我们必须走入冲浪者的群体中，甚至还要去体验这些用户的生活，感受冲浪带来的激情。当你拥有了这些体验之后，你就成了读者群中的一员，自然也就知道读者想要阅读什么内容，你写出来的软文就非常有针对性了。

7.1.2 站在对方角度写软文

体验了读者的生活之后，接下来在写软文的时候，必须站在对方角度写。有很多软文作者写着写着就陷入了自己的世界中，这样的软文等于白写，你的体验也等于白体验。所以，无论什么时候，写软文时，我们都要坚定地站在读者的角度。

QQ 音乐经常会以软文的形式向用户推送音乐，在 2017 年 4 月 12 日，QQ 音乐向用户推送令 90 后感动的音乐。在软文写作过程中，作者就深入这个群体（作者也可能是 90 后），然后将 90 后的那种情怀和回忆写得淋漓尽致，并且站在 90 后角度分析他们喜欢的歌曲（见图 7–1）：

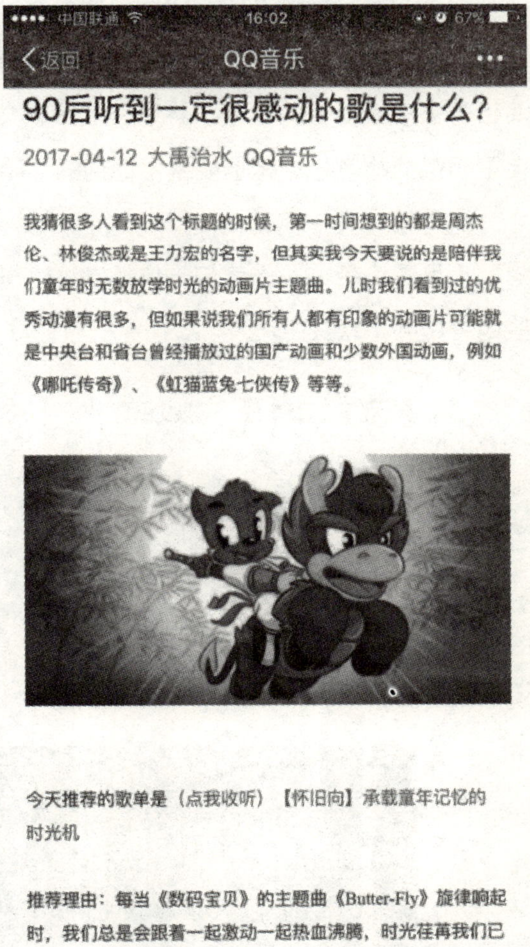

图 7–1 QQ 音乐的软文

我猜很多人看到这个标题的时候，第一时间想到的都是周杰伦、林俊杰或者王力宏的名字，但其实我今天要说的是陪伴我们童年时无数放学时光的动画片主题曲。儿时我们看过的优秀动漫有很多，但如果说我们所有人都有印象的动画片，可能就是中央台和省台曾经播放过的国产动画片和少数外国动画片，例如《哪吒传奇》《虹猫蓝兔七侠传》等。

今天推荐的歌单是【怀旧向】“承载童年记忆的时光机”。

推荐理由：每当《数码宝贝》的主题曲《*Butter–Fly*》旋律响起时，我们总是会跟着一起激动，一起热血沸腾，时光荏苒，我们已经不再是每晚守在电视机前等待动画片开始的孩子，但是当听到这些熟悉的旋律时，我们依然还是会跟着一起轻轻合唱。

这种写法充分考虑到 90 后读者需求，同时通过对《*Butter–Fly*》的分析描述出了读者听这首歌时的心理变化，在极大程度上唤起了 90 后的共鸣，吸引着 90 后去阅读。

7.1.3 和需求者聊天，挖掘他们的诉求

想要引起读者的共鸣，还需要和需求者进行聊天，不断挖掘出他们的诉求，这样写出来的软文才能引发读者的共鸣。当然了，还可以在软文中直接写出与需求者聊天的故事，将过程填入软文中，让读者去阅读一个又一个与自己相似的故事，这样也能激发他们的共鸣。

凯迪拉克有一篇软文叫“风范车主志：上一刻收藏时光，下一刻编织梦想”（见图 7–2），作者与一位凯迪拉克车主聊天并且挖掘其诉求，并将这些内容搬到了软文中。

风范车主志 | 上一刻收藏时光 下一刻编织梦想

2017-03-16 凯迪拉克

在时光的长河中，有些点滴就像烟火一样瞬间点亮天空，尔后在空气中缓缓消散；有些则让片刻的停留变成永恒，化作记忆与感动深藏在心底。若菜觉得，应该把这些从时光中沉淀下来的点滴收藏起来，让人们看到想到的时候可以会心一笑。于是，她把自己经营的小店命名为Dot Collection。

车主档案：

若菜（上海）

买手收藏店掌门人

上一刻流光飞舞 下一刻时针停驻

图 7–2　凯迪拉克的软文示例

在时光的长河中，有些点滴就像烟火一样瞬间点亮天空，尔后在空气中缓缓消散；有些则让片刻的停留变成永恒，化作记忆与感动深藏在心底。若菜觉得，应该把这些从时光中沉淀下来的点滴收藏起来，让人们看到、想到的时候可以会心一笑。于是，她把自己经营的小店命名为Dot Collection。

接下来，作者开始详细介绍这个车主：

车主档案：

若菜（上海）；

买手收藏店掌门人；

上一刻流光飞舞，下一刻时针停驻。

Dot Collection，坐落在上海复兴中路一座法式老洋楼的一层。如果慕名前往的你，在弄堂深处看见了一扇别致的红漆拱门，那意味着你并没有在这片静得只听见自己脚步声的街区迷失方向。叩开那扇门，你就会发现，从地板到陈设，若菜就像对待自己家的客厅那样悉心装点着这所有故事的老宅。

而这里已经是Dot Collection的第二个地址，之前的店铺也开在弄堂深处，只有大约20平方米，相当于现在的一半。随着店面的扩大，若菜辞去了在广告公司的工作，全身心地打理着与这家店铺有关的一切。

上述两段软文的作用是介绍该车主的身份、工作和生活，为接下来引出凯迪拉克做好铺垫和准备。

对于为什么会选择凯迪拉克XTS为自己爱车，若菜觉得主要有两点：首先，她在美国旅行时，每次遇见宽大奢华、有着闪亮电镀装饰的凯迪拉克古董车都会感到心动不已，从而对凯迪拉克品牌有着特别的好感。虽然XTS看上去前卫摩登，但由内及外的格调和气场和自己喜爱的经典车是有共同语言的。

更重要的，凯迪拉克 XTS 与自己的处世哲学有着很好的默契。用若菜自己的话来说，凯迪拉克的设计师好比是一群优秀的“买手”，他们把从这座星球上搜罗的“好货”，包括上等的皮质、木料，精湛的手工艺，以及创新科技融汇在一辆车上。

若菜从来不会觉得自己无法驾驭这样一款大尺寸的豪华轿车，相反，即使穿梭在街道狭窄的城区，XTS 的表现仍让她感到得心应手。而如同客厅般宽敞透亮的空间，宽大舒适的座椅，还有随时能让自己最爱的音乐原音重现的 Bose 音响……所有的所有，都让 XTS 成为她心目中一个理想的 Collection。

上述文字，不仅表达出了该车主的需求，还体现出了凯迪拉克 XTS 的特点和优点，为和这位车主一样的用户带去了感同身受的心理体验，同时也传达出了车主的诉求，能够激发用户共鸣。因此，这篇软文不仅是一个一名车主与凯迪拉克的故事，更是一篇介绍凯迪拉克的技术帖。

7.2 用通俗的语言把专业词转化为生活符号

写软文的时候，有时难免会遇到一个问题：产品太专业，写出来的软文恐怕也是枯燥的，读者阅读时会很困难，没有趣味。遇到这个问题，想要让读者深入阅读，引起共鸣，我们需要在写软文时，把专业的东西转化为生活的符号。那么如何才能做到化专业为生活呢?

首先，在软文的语言上要做到通俗易懂。如果在软文中呈现出过多复杂的专业术语，恐怕会吓跑读者。因此，软文通俗易懂是很重要的。如何才能让软文变得通俗易懂呢? 这就需要在软文中加入贴近生活的细节成分，尽量避免生涩的专业内容。

2013 年天涯论坛汽车时代版块中有一篇帖子（软文）十分受欢迎，名字是：“为什么比亚迪 S6 卖这么便宜，是合资车太贵，还是 BYD 偷工减料”。这是一篇为比亚迪 S6 做的软文推广，作者运用了通俗的语言和贴近生活的故事引出产品。下面来看一下这篇软文的前半段（见图 7-3）：

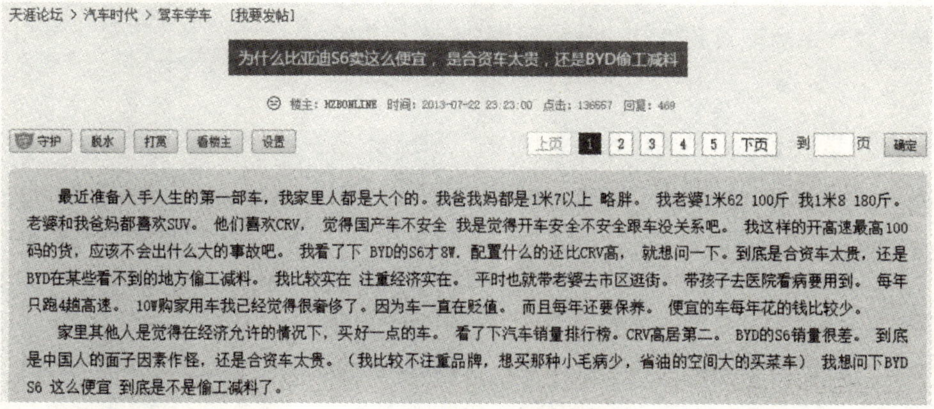
天涯论坛 > 汽车时代 > 驾车学车 [我要发帖]

为什么比亚迪S6卖这么便宜，是合资车太贵，还是BYD偷工减料

楼主：MZBONLINE 时间：2013-07-22 23:23:00 点击：136557 回复：469

守护 脱水 打赏 看楼主 设置 上页 1 2 3 4 5 下页 到 页 确定

最近准备入手人生的第一部车，我家里人都是大个的。我爸我妈都是1米7以上 略胖。 我老婆1米62 100斤 我1米8 180斤。老婆和我爸妈都喜欢SUV。 他们喜欢CRV， 觉得国产车不安全 我是觉得开车安全不安全跟车没关系吧。 我这样的开高速最高100码的货，应该不会出什么大的事故吧。 我看了下 BYD的S6才8W，配置什么的还比CRV高， 就想问一下。到底是合资车太贵，还是BYD在某些看不到的地方偷工减料。 我比较实在 注重经济实在。 平时也就带老婆去市区逛街。 带孩子去医院看病要用到。 每年只跑4趟高速。 10W购家用车我已经觉得很奢侈了。因为车一直在贬值。 而且每年还要保养。 便宜的车每年花的钱比较少。

家里其他人是觉得在经济允许的情况下，买好一点的车。 看了下汽车销量排行榜。CRV高居第二。 BYD的S6销量很差。 到底是中国人的面子因素作怪，还是合资车太贵。（我比较不注重品牌，想买那种小毛病少，省油的空间大的买菜车） 我想问下BYD S6 这么便宜 到底是不是偷工减料了。

图 7-3 比亚迪 S6 汽车在天涯上的软文

在第一段中，作者的描述很明显是写出了一个普通工薪阶层想要买车的心情。同时，通过与其他汽车的对比发现，比亚迪 S6 价格便宜，各方面配置都很好，只是作者搞不明白为什么 S6 会那么便宜。这也直接引出了这款汽车的性价比高的特点。

第二段，进一步阐述了比亚迪 S6 汽车便宜的情况，并且作者带有怀疑心态，给人的感觉是这款汽车既然配置那么高，为什么还那么便宜，一定有它特殊的原因，这也很好地吸引了人们继续阅读。

接下来，作者又通过与其他汽车的对比，详细介绍了比亚迪 S6 的优点和性能配置。作者同时以自己和家人的试驾体验为基础来写，更是将专业的汽车配置信息转化为了通俗易懂的生活见闻。

其次，在通俗语言的基础上，我们还需要将专业的知识化为生活的体验，在一边讲述体验的同时，一边把产品的专业性用平实的语言体现出来。

广汽丰田有一篇软文叫“用正确的姿势打开自驾之旅”，这篇软文主要介绍的是丰田汉兰达越野车的性能和配置，作者摆脱了原本枯燥的数据和专业内容，而是用自驾游的方式，用通俗的语言，带领用户进入自驾游的体验，并在这个过程中，将这款汽车的配置和性能一一体现出来（见图 7–4）。

开篇先是提出了这次自驾游的目的地岭南，然后介绍了岭南的特色城市——惠州，引出作者自驾游的动机，同时介绍了自驾游的座驾——丰田汉兰达。

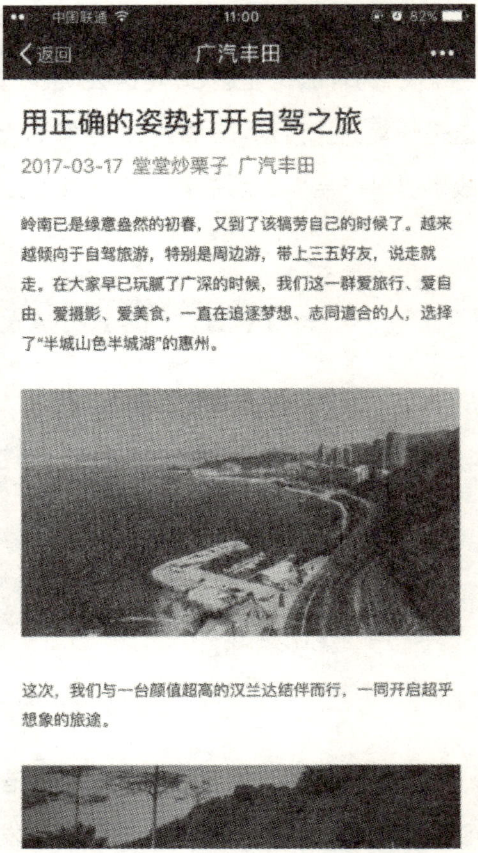
中国联通 11:00 82%
返回 广汽丰田 ···

用正确的姿势打开自驾之旅

2017-03-17 堂堂炒栗子 广汽丰田

岭南已是绿意盎然的初春，又到了该犒劳自己的时候了。越来越倾向于自驾旅游，特别是周边游，带上三五好友，说走就走。在大家早已玩腻了广深的时候，我们这一群爱旅行、爱自由、爱摄影、爱美食，一直在追逐梦想、志同道合的人，选择了“半城山色半城湖”的惠州。

这次，我们与一台颜值超高的汉兰达结伴而行，一同开启超乎想象的旅途。

图 7–4　丰田汉兰达的推广软文

岭南已是绿意盎然的初春，又到了该犒劳自己的时候了。越来越倾向于自驾旅游，特别是周边游，带上三五好友，说走就走。在大家早已玩腻了广深的时候，我们这一群爱旅行、爱自由、爱摄影、爱美食，一直在追逐梦想、志同道合的人，选择了“半城山色半城湖”的惠州。这次，我们与一台颜值超高的汉兰达结伴而行，一同开启超乎想象的旅途。

接下来，作者开始从汉兰达的空间讲起，随着自驾游的深入，一点点地讲述这款车的性能优势和配置特点：

汉兰达的车内空间很大，后备厢空间更赞，方便了我们这些喜欢摄影旅行的人放置摄影器材，还有无人机。同样，也非常适合家庭出游……

通过这种方法，这篇软文将原本枯燥的专业术语用自驾游体验的方式一一呈现，远远比直接讲述这款车如何值得购买有说服力得多，而且还能因此引发读者的共鸣。

所以，在写软文时，我们要避免把专业术语直接罗列的方式，而要改用通俗的语言将专业术语转化为贴近生活的语言，如此一来，才会让读者阅读起来毫无距离感。这样的软文才能真正打动人心，引起共鸣。

7.3 搞懂“用户买的不是床是睡眠”的需求

软文创作者一定要明确一点：用户读了你的软文之后，满足需求才能引发共鸣。这就好比推销床的商家要清楚用户需求的是好的睡眠，买的是“睡眠”而不是单单一张“床”。软文创作也是如此，要搞清楚用户的潜在需求，才能用软文引发读者的共鸣。

7.3.1 围绕“4W 原则”展开软文

软文的共鸣体现在“4W 原则”，软文创作要从这 4 点出发。“4W 原则”也称为“四项基本原则”，弄清楚了它们，就等于找到了软文策略落地所需要的 4 个支点（见图 7–5）：

Who（对谁说）；

Why（为什么说）；

What（说什么）；

How（怎么说）。

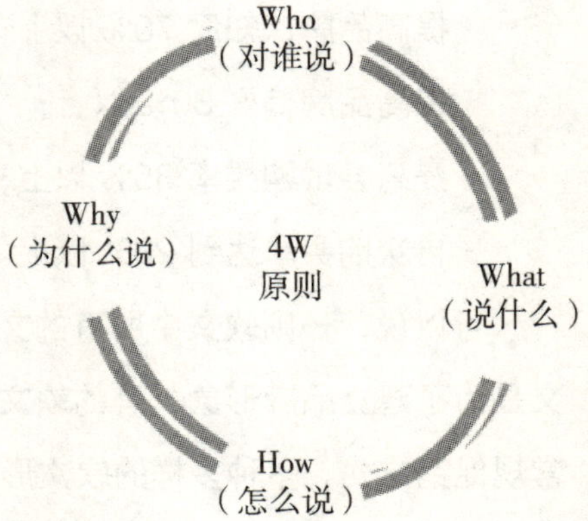

图 7–5 软文 4W 原则

（1）对谁说。

Who（对谁说）——目标消费者。关于这一点，我们在前边章节中有所介绍，在这里不再一一赘述。总之，你一定要清楚，软文瞄准的目标受众是谁，你希望哪些人购买你的产品。

（2）为什么说。

为什么说，这个话题其实就是你的软文广告目标是什么。在大多数人眼中，发布软文最重要的目标就是提高销量。

事实上，这种观点混淆了软文目标与营销目标的区别。软文的目标是指通过软文能达成某种“围观”结果，它的作用体现在信息的传达上，通常以消费者的反应变量来表示，比如打造品牌知名度，增进品牌美誉度、偏好度，建立品牌形象，激发购买意向等。

而营销目标，通常是用销售额及其有关的指标来表示，如市场占有率、利润率或投资回报率等指标。

所以，软文目标和营销目标不能直接挂钩，但也脱离不了干系，因为他们存在间接关系。可以这样说：软文目标是为营销目标服务的。

举个例子，某品牌产品的营销目标，定在将销售额提高 40%；而为实现这一目标服务的软文目标应是：

· 提高品牌知名度 80% 以上；

· 提高品牌认知度 70% 以上；

· 提高品牌偏好 30% 以上；

· 提高尝试购买率 35% 以上；

· 再次购买率达到 20% 以上。

可以说，一则软文中所有的文字与图像，都带有强烈的目的性。有的软文是为了建立品牌形象，有的软文是需要介绍产品功能，有的软文只是一次常规促销方式。多种多样的软文形式最终目的都是为营销做服务。

（3）说什么。

说什么——软文诉求。在泛指的广告中，广告诉求，又叫品牌主张或卖点。在这个环节，我们必须琢磨和确定广告所要传达的信息，这个信息就是广告诉求。可以看出，这个诉求必须是简单、清晰的，这样才能让读者不费吹灰之力就可以获得它，并相信它。

在软文中也是如此，例如你写关于某空调的软文，必须找到一个诉求点，可以是省电，也可以是静音，还可以是安全。诉求一旦拟定，接下来的详细软文都要竭尽所能把它表现出来，而且尽量表现得淋漓尽致，这样的软文才能给读者带去共鸣。

当然了，好的诉求体现在对人性的深刻观察上面。不论是什么人，人们最基本的需求动机从未改变（马斯洛需求原理）。要想让你的软文充满内在力量，就应该围绕着马斯洛提出的人类基本兴趣点展开诉求（见图 7-6）。

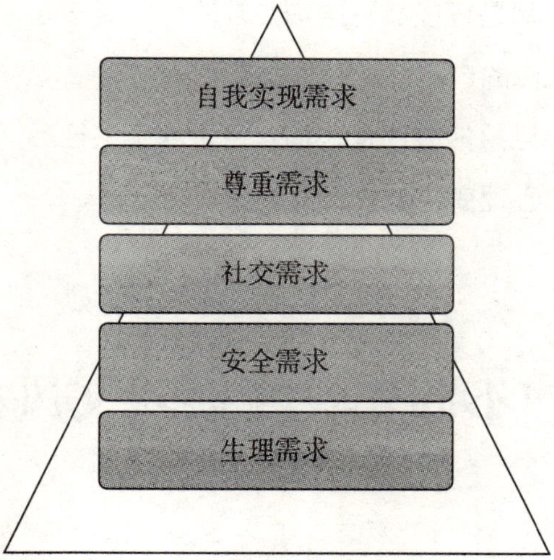

图 7-6　马斯洛提出的人类需求层次

（4）怎么说。

如何将用户的需求表达出来，这就是软文中的怎么说。在这个环节中，往往是软文创作的核心部分。你的软文能不能让读者看得到并记住，拼的就是这个环节的功夫扎不扎实。这时，你需要从两点入手：

创意形式——用什么样的方式来传达用户需求；

气氛渲染——通过什么样的形式来反映品牌。

在这里，我们必须把产品卖点罗列出来，不必让读者自己去费力寻找，可以通过一种有趣或者感人的形式，将卖点清楚、明确地传达给对方。

7.3.2 软文内注重突显身心触感

除了上述的“4W 原则”可以从软文表达需求中获得用户共鸣外，软文表达需求中获得用户共鸣还应该注重突显身心触感。你需要让你的软文呈现出一种强烈的真实体验感，给用户带去身心上的体验和感触。这需要软文作者将自己的真实感受形象具体地体现出来。

以卖床为例，作者需要在软文中加入自己购床时的心理需求和对睡眠的苛刻要求，给用户呈现出一种“难以达到”的状态。然后在软文中，我们要在最后表明我们的产品是可以实现这些要求的。如此一来，用户会随着你的内在身心感触而关注你的产品，从而引发共鸣。

软文内体现身心触感的方式是，加入自己的个人经历，着重描写心理需求和变化，让读者在心理变化上找到共鸣。

7.4 根据用户不同属性变换软文风格

共鸣，需要深入用户内心。如何深入用户内心，需要我们灵活多变思考，从不同角度变换软文的写法。我们需要了解不同用户的差别，根据不同属性的用户策划不同属性的软文，这样的软文才可以引起更多共鸣。

在这里，我们需要明确一点：男女用户的思维方式不同，那么可引起他们共鸣的点也自然不同。

宾夕法尼亚大学的杰·H. 贝克零售研究中心的主任芭芭拉·卡恩（Barbara Kahn）说：“传统营销模式中，企业往往将每个人都当作普通消费者对待，这是不合情理的。”

卡恩教授也是率先发表有关男女消费者购物区别的研究论文的研究者之一。她在研究中发现，女性最容易受到与销售员交流的影响，男性则会受到实用因素的影响。

美国经济学专家迪莉娅·帕西指出："女性往往比较倾向于规避风险，希望了解有关产品的特点和优势的更多信息。"可以说，这种方式让女性的购物经历更具互动性，比如说卖一件连衣裙时，把它与其相配的项链、包包等一起展示，会促使更多女性用户去购买。

而男性消费者只想知道产品的位置，并想快速购买。他们希望购物区域能够得到明确界定。对他们而言，最糟糕的结果便是两手空空走出商场。

明确了男女属性不同的消费者的购物需求，我们便能理解为什么在促销时，很多服务员对待男女消费者的态度和导购方式不同。

同样，在写软文时，我们有必要根据用户的不同属性来变换软文。首先要知道你的软文主要是男性还是女性用户阅读，然后根据他们的特点写出不一样的软文。

例如你是写减肥的软文，针对男女不同用户写法也不同。

针对男性的软文可以这样写：

没有八块腹肌，怎么好意思说你有女友……

在这句话中，运用了直截了当的方式，告诫男性用户必须健身减肥，否则就找不到女友。这充分抓住了男性追求结果的心态，可以直接吸引男性用户的目光。

针对女性的软文则可以这样写：

一点点赘肉而已，别紧张，杨贵妃照样迷倒唐明皇……

从委婉的角度诉说了微胖体型的优势，而且前一句十分轻松地表达了想要减掉这一点点的赘肉很简单。这极大程度上激励了那些微胖的女性，侧面反映出该减肥机构的人性化主张和审美观点。

又如钻石小鸟在推广新产品——婚纱的软文中站在了女性的角度去策划：

> 与心爱的人在结婚礼堂中宣誓的场景，
>
> 或许曾出现在每个女孩的梦中：
>
> 穿着心仪的美丽婚纱款款向他走去，
>
> 在亲友的祝福下交换戒指，许下相守一生的诺言。
>
> 婚纱虽然一生只穿一次，
>
> 但是却承载着女孩关于爱情最纯真浪漫的幻想。
>
> 婚纱当然是你的必修课啦，
>
> 那么下面哪些款式的婚纱可以打动你的心呢？

在这短短的几段文字中，钻石小鸟站在了女性用户的角度（尤其是待嫁女性），写出了她们披上婚纱、嫁给爱情的浪漫梦想，充分吸引了感性的女性用户，激发了她们对婚纱和婚姻的向往。

此外，在写软文时，我们还应该了解男性和女性的不同爱好，然后区别对待。

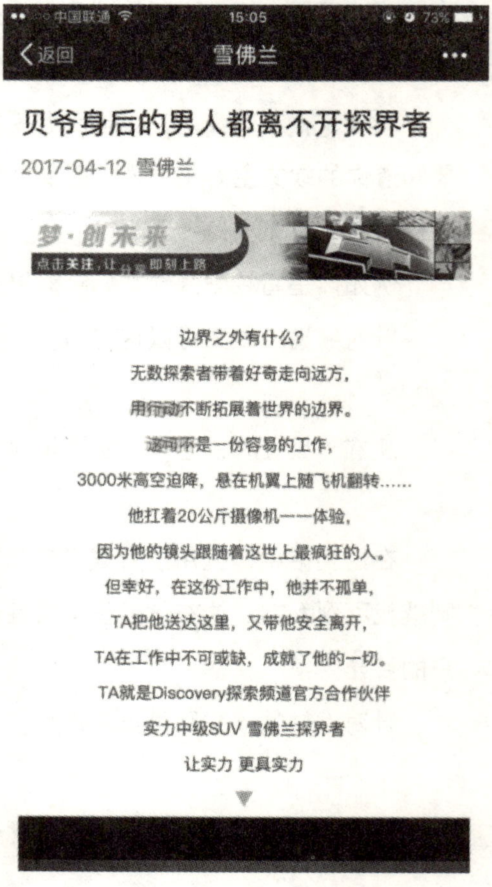

图 7-7　雪佛兰 SUV 的软文抓住了男性用户的喜好

通常情况下，男性用户比较喜

欢军事、时事、游戏、科技、数码、体育、探险等信息，所以针对男性用户，最好在软文中加入这些元素，尤其是在标题上更要凸现男性的爱好特征，以吸引男性用户。

雪佛兰一款 SUV 在其推广软文中抓住了男性喜欢探险、冒险的特点，于是软文是这样写的（见图 7–7）：

边界之外有什么？

无数探索者带着好奇走向远方，

用行动不断拓展着世界的边界。

这可不是一份容易的工作，

3000 米高空迫降，悬在机翼上随飞机翻转……

他扛着 20 公斤摄像机一一体验，

因为他的镜头跟随着这世上最疯狂的人。

但幸好，在这份工作中，他并不孤单，

TA 把他送达这里，又带他安全离开，

TA 在工作中不可或缺，成就了他的一切。

TA 就是 Discovery 探索频道官方合作伙伴，

实力中级 SUV 雪佛兰探界者，

让实力，更具实力。

而女性用户的情感细腻，思维感性，所以她们比较喜欢娱乐、八卦、购物、美容、减肥、宠物、美食等信息。我们在写面向女性用户的软文时，也需要根据女性用户的喜好来把握软文写作的方向。

除此之外，软文策划者还应该把握住不同地域的区别对待，因为每个地域都有不同的习俗，写软文时如果涉及地域问题，应该谨慎选取。

7.5 明确引发用户共鸣的四大要素

你写了很久的软文，都没能写出一篇可以引发用户共鸣的软文，这是为什么？因为你没有认真写，同时你更不知道可以引发用户共鸣的四大要素。

要想软文深入人心，就必须要博得用户情感支持。具体做法就是：找到用户在某个场景存在的一个麻烦（痛点），然后针对这个麻烦（痛点），表明我们的态度，给用户提供情感上的帮助（支持、批判、反击和鼓励等），这样才能引发用户共鸣。下面我们就来具体分析一下引发用户共鸣的四大要素。

7.5.1 支持：给用户支持

我们在写软文时，一定要学会观察用户。如果你了解到用户群体的某些言行正面临被指责、怀疑和否定时，那么你可以立刻写一篇软文去支持他们，站在他们一边，将他们的行为合理化。这样一来，他们就会觉得你犹如自己人，在感情上会更加认同你。

在这方面，我们以一个案例来说明：阿迪达斯针对当下年轻人经常被人指责太傲慢、太浮夸、太幼稚、太个性等问题，直接在软文里支持这些年轻人，大胆喊话：太不巧，这就是我！

这个文案其实就是帮助年轻人合理化了自己的行为，让这些年轻人感觉阿迪达斯很懂他们，他们自然而然也就会选择阿迪达斯的产品。

所以，从某种意义上讲，给用户支持就是抓住用户群体面临的问题，然后在恰当的时机给他们安慰，让他们听到共鸣。

7.5.2 批判：帮用户批评不合理，与用户建立信任感

批判与上述支持的方式十分类似，意思就是软文策划者要指出当下发生的一些不合理现象，然后在软文中帮用户喊话，帮用户批评、指责这些不合

理的现象，这种行为可以让用户对你产生更多的信任。

例如，老罗的英语培训推广软文一上来就先帮大家批判当下物价飞涨等各种现象：一块钱现在能买些什么？然后给了几个选择，一个打火机、一支笔芯、一份报纸等，这在很大程度上引发了人们的共鸣。随后，作者笔锋一转，转而把这份信任转移到自己的产品上：或者一块钱，你可以来老罗英语培训听八堂课。

如此一来，用户会因为作者之前的批判而产生共鸣，同时又会对老罗的课程价格产生好感，用户在很大程度上会觉得很值。

7.5.3 反击：帮用户反击某些行为，让他产生好感

在软文的应用中，我们还可以帮用户反击某些让人厌恶的行为，这会让用户产生体验了一把的真实感受，他们自然就会对你产生好感。

有这样一篇软文“我女友很胖，但我就是很爱她”，这是一篇推广化妆品的软文，在一开始就帮助很多人反击了“胖女孩得不到爱”的看法，这个作者用很肯定的态度指出“胖，我也爱”，让用户产生思想上的共鸣。

7.5.4 鼓励：给他提供鼓励，让他产生共鸣

用户在某种场景下，往往极其需要克服当前的困难，如果这时候你能给他提供鼓励，便可以让他对你的软文产生莫大的好感，进而产生共鸣。

例如，Nike 的文案“just do it”，鼓励用户摆脱现状和麻烦，想到就立刻去做，让人备受鼓舞，效果不错。

再比如 24 小时自助服务站格格小区，为了推广自己的上门清洗服务（洗衣机清洗、空调清洗服务等），用软文的形式激发了人们的共鸣。作者是这样写的：

最近经常被朋友嘲笑，说我的日子过得乱糟糟。家里杂乱无章，衣服鞋子乱丢，厨房卫生间一团糟，马桶还漏水，哪里还有家的样子！

自己也没好到哪去，身体亚健康，整天无精打采。每次遇到这些琐事，总是一拖再拖。

你以前不是这样子的。

虽然生活平淡艰难，但我们还是要有该有的生活态度，而不是将就着过。东西坏了就要修，家脏了就要打扫，衣服鞋子脏了就要及时洗，才能拿出最好的状态，迎接新生活！本周格格生活来了，花最少的钱，帮你解决所有烦心事，让你的生活焕然一新！

波轮 / 滚筒洗衣机清洗（二选一）68 元（覆盖 17 个城市）……

在这篇软文中，作者站在用户角度上，鼓励用户拿出最好的状态，迎接新生活，激发用户去改变当前拖延的习惯，给用户带去了很大共鸣，同时也会激发用户下一步采取实际行动。

第 8 章

情景：每篇软文里都有你理想的样子

判断一个软文作者的基本功扎实与否，只要看他写的软文是简单的文字组合还是言之有物就行了。言之有物的文字，能在人们脑海里留下影像和场景。走心的不只是纯粹的文字表达，而是与读者有关联的场景。真正的软文高手会让读者在每篇软文中都看到他理想中的样子。

8.1 埋雷型场景：把产品需求和品牌关联起来

什么是埋雷型场景？意思就是将产品的主要需求场景与品牌名称强行建立关联。通俗地说，就是在消费者的大脑中埋下一颗需求的“地雷”，当用户在真实生活场景中触碰到“雷区”时，就会“爆炸”。

打个比方，我们在电视中经常看到“慢严舒柠”的广告，它里面的文案就是埋雷型场景：

“早上刷牙恶心干呕”“咳不出来，又咽不下去”，上述这两句文案就是它预设的需求场景。

“快使用慢严舒柠”，这句话就是与品牌建立一个强行关系。

为什么要强行关联呢？因为这样的文案其实不需要经过理性思考，只要给你一遍遍地去“洗脑”，消费者只要早上刷牙恶心干呕，就只会想起“慢严舒柠”。

与此类似的还有脑白金的经典文案：“今年过节不收礼，收礼只收脑白金。”这也属于埋雷型场景，在用户大脑中埋下“送礼就想到脑白金”的场景。

这种模式的操作方式就是将产品的需求和品牌关联起来。在软文的策划中，策划者需要把产品用通俗的语言，自然而然地穿插在消费者经常遇到的场景之中，将产品与需求有效结合起来。

在这里，我们以 roseonly 为例，这个一直以来宣扬“一生只送一人”的高端玫瑰及珠宝品牌店，其售出的信物代表着爱情和幸福。尤其在它的互联网营销推广影响下，恋人们只要想到送高档玫瑰就会想起“一生只送一人”的 roseonly。来看 roseonly 的一篇软文：“你的爱情，需要加点仪式感”。

在文章的开头，先是节选了《小王子》中的一段情话（见图 8–1）：

“你下午四点来，那么从三点起，

我就开始感到幸福。

时间越临近，我就越感到幸福。

但如果你随便什么时候来，

我就不知道在什么时候该准备好我的心情……

应当有一定的仪式。”

——《小王子》

这段小小的情话，引出了这篇软文的主题：爱情需要加点仪式感。

接下来，软文是这样展开说的：

仪式感，让生活诗情画意。

一个人，也要好好吃饭，好好品茶，静下来，慢下来，享受生活中的美好瞬间，花点心思为生活增加一点仪式感。

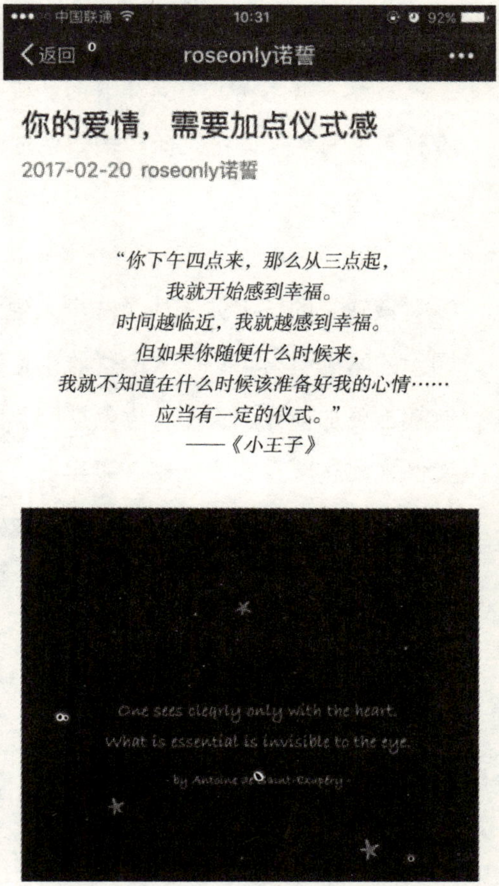

图 8-1　roseonly 的仪式感软文

仪式感的意义在于它把生存变为生活，让平凡的日子变得诗情画意。有时候，一张餐巾、一盏烛台、一杯红酒都会让你的生活不一样。

《唐顿庄园》中经常出现这样的桥段：女仆在精心摆弄各种各样的餐具和杯子，管家在一旁不断叮嘱，什么菜式用什么餐具，什么菜式配什么杯子，不能有丝毫混淆；而那些贵族小姐少爷们到了用餐时间，都会上楼更衣，换正装去用餐。

唐顿对生活中的仪式感相当着迷，“你厌倦了生活中的格调，就是厌倦了生活”。

这就是仪式感，与格调和品位有关，不仅仅是庄重地对待生活，更是庄重地对待自己的内心，看似烦琐，却优雅到了极致。

当然，并不是只有穿高贵的礼服，吃高级的西餐，喝昂贵的红酒，才叫有仪式感的生活，平凡的你我，也可以过这样的生活。

……

该软文的作者先讲述了一个人生活时也需要加点仪式感，并用《唐顿庄园》的案例引出了一个人的优雅生活意识，如何将索然无味的生活变得更加有趣、更加精致。除了《唐顿庄园》之外，还引用经典美剧《老友记》中的案例来阐述单身的仪式感。事实上，这一段文字很吸引小资女性的目光，可以激发人们的阅读欲望（软文的基本要求：用户有阅读的欲望）。

说完了单身的仪式感，接下来，软文开始进入正题：爱情的仪式感。

仪式感，让爱情甜蜜如许。

爱情的仪式感往往表现在愿意为这份感情付出的心思和精力。

它可以是表白时的一句话，生日里的一份礼物，纪念日的一顿烛光晚餐，精心安排的求婚仪式……有时候，一个简单的小仪式，就会让对方感到无比幸福。

接下来，软文以贝克汉姆和维多利亚的忠贞爱情为例，说明了爱情中仪式感的重要性：

贝克汉姆深谙此道，他不久前二度结婚，新娘依旧是维多利亚。结婚17年的他们早已更加熟悉对方，更加深爱对方，这次再婚是想通过一个仪式表明两人携手走下去的决心，让感情升华。

在这个快生活节奏的时代，很多人总是在赶着恋爱，赶着结婚，赶着人生的进度，却没有停下来花点心思好好经营一段感情。没时间、工作忙、身体累都是借口，仪式感不在于华丽的场面，不在于轰动的效果，但求为对方考虑的那份真心。有句话说得很对：“不愿意为你花钱的人不爱你，不愿意为你花心思的人也没多少爱。”

在爱情里，能让人刻骨铭心的美好记忆，往往都与仪式有关：告白那天精心准备的情话，送给对方的第一份礼物，求婚时他单膝跪地的样子，结婚仪式上对彼此郑重的承诺……

因为有仪式感，才会记得那天的阳光和白云，还有他身后的微风和眼中的深情。

我们需要仪式，表达自己的爱，也需要仪式，确定被对方爱着。仪式感，可以给彼此一份安全感，更会在记忆里留下一个个关于爱的美妙瞬间。

在这些文字中，出现最多的词语就是“仪式感”，这就给用户带去了既定的印象，让“仪式感”深入用户内心，给用户（正在恋爱、准备新婚、快到结婚纪念日的用户）带去了需求。随后软文顺势推出了 roseonly 的产品，将用户需求与这个产品关联起来：

女生节快到了，
不需要费尽心思，
一束花，一页纸，
足以给爱情带来仪式感。
roseonly 鲜花玫瑰，
每一盒都有不同的名字，
每一盒都会诉说衷情，
看看你们的爱情是哪一种。

这个软文给用户呈现的是“仪式感”+“roseonly”的模式，促使用户对 roseonly 的鲜花产生很大的兴趣和做出既定的选择。因此，这种软文于宣传推广来说就十分有效果。

8.2 补偿型场景：唤起消费者某种补偿行为

与埋雷式场景文案不同，还有一类场景文案，是软文创作者要指出消费者在生活中的一些妥协点，并唤起其某种补偿行为。

举个简单的例子，耐克曾在纽约时代广场投放了一个户外广告，上面只有一句文案，无任何配图："Yesterday you said tomorrow！"右下角是"Just do it"。

事实上，这个文案对消费者说的潜台词就是：你知不知道自己有拖延症！这样的文案往往会刺痛消费者心里的妥协点，因此唤起其补偿行为。这种补偿行为跟产品消费是挂钩的，对消费者来说：说得对，买双耐克，Just do it！

8.2.1 找到用户在生活中的妥协点

在补偿型场景软文中，我们需要先找到用户在生活中的妥协点。例如上述耐克文案指出的"拖延症"。想要你的软文让用户有代入场景感，就要从用户自身的妥协点出发，制造场景。

例如很多养生服务类企业在软文中会以"低头族"为主题，突出当前人们普遍做"低头族"的事件来呈现出一个补偿型场景，随后引出自己的养生之道和养生服务。

事实上，一个场景对应一类产品。而产品的场景化，就是给自己产品一个分类。那么它有什么好处呢？它可以让顾客快速地在万千产品中找到你的产品，这就好比图书馆的图书编码一样。生活中有无限个场景，你只需找到一个属于自己产品的场景，找到用户在生活中的那个妥协点。

例如黄金酒这款产品，文案是："送长辈，黄金酒"。

这个文案就是补偿型的场景化，让黄金酒的产品场景定位很清晰。当你去商场想要买一瓶酒自己喝的时候，很少会有人买黄金酒。但当你想要买酒送给长辈的时候，你就会因为黄金酒的文案而产生补偿型场景，极有可能会购买黄金酒送长辈。

因此，找到你的受众目标中的妥协点，给自己的产品加上一个场景，制造一个独特的需求编码，你的软文就会很有鼓动性。

8.2.2 为用户唤起某种补偿行为

大品牌可以占据大渠道，但它无法占据所有的场景。同类的产品，小品牌该如何取得与大品牌竞争的资格呢？如何才能让消费者选择你而不是选择其他品牌呢？

不要指望低价格或是强势广告，这样做等于鸡蛋碰石头。解决这个问题最好的方法，就是唤起用户的补偿行为，塑造一个补偿型场景。

软文的目的，就是为了让产品跟消费者建立起联系。关联性越强，产品被选择的概率就越大，这也是写软文时一直强调的相关性。消费跟生活场景息息相关，没有场景就不会有消费。

当你了解了用户的妥协点，接下来就要为用户唤起补偿行为，品牌通过这种手段，去跟用户建立联系。

凯迪拉克在 2017 年 4 月 11 日发表了一篇软文“伸手不见五指的黑夜，你需要一双‘鹰眼’”（见图 8-2）。

这篇软文针对人们夜间驾驶的需求，打造出了一种黑夜中的“鹰眼”。用黑科技（高科技）的模式从 1991 年穿越到了 2017 年。

1991 年“沙漠风暴”行动，

夜幕之下，风沙之中，

美军部队得以轻而易举地发现伊军坦克，

而敌手直至被摧毁，才知大难临头。

这，归功于先进的红外线夜视技术。

2000 年，

凯迪拉克率先将军事级黑科技服务于消费者，

首创 Night Vision 红外线夜视系统，

并装备于 Deville 豪华轿车之上。

灯光无法照射到的物体，第一次清晰可见。

……

这篇软文中，作者将消费者想要夜间弯道超车的愿望场景化了。值得一提的是，软文中消费者的补偿行为场景化还需要不断强化，以把产品的场景刻画进消费者的心底。

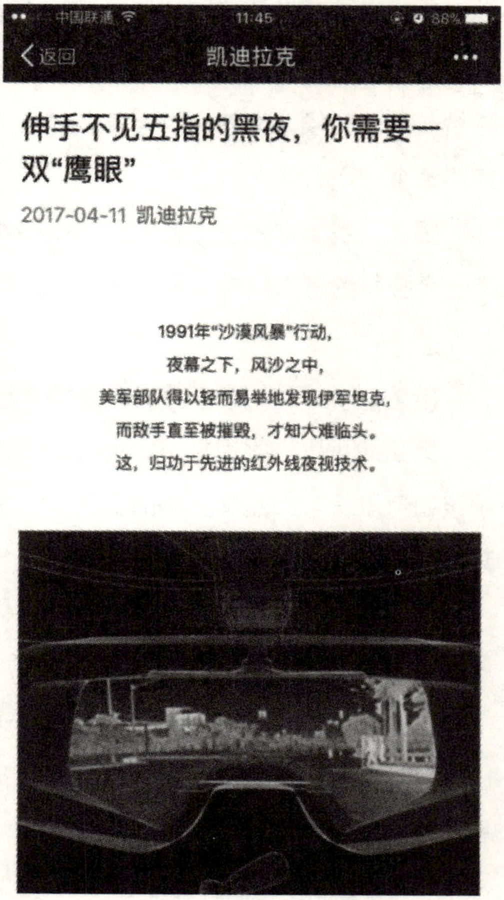

图 8-2　凯迪拉克的软文

8.3 利益型场景：用已有场景与消费者目的挂钩

利益型场景是利用一些已有的场景与消费者想在这个场景中达成的目的挂钩，打个比方，情人节就是一种已有场景，所有人都知道这天是一个特殊的日子，浪漫情人之间需要约会，会有看电影、送鲜花、烛光晚餐等活动。总之，在这个场景下，消费者想要达到的目的是“向恋人表达爱意”。

那么问题来了，如何向恋人表达爱意呢？

在本章第一节中，我们举例的 roseonly 的商品就是一种在情人节这种场景中十分贴合的商品。一辈子只能送一个人，就是你了！（情人节的目的达成）

所以，软文的创作者首先就要抓住已有的场景，然后将所推广的产品与这个场景结合起来，给消费者带去一个对应场景的消费目的。

在这方面健身软件 keep 就做得很好。

很多人想要健身，却坚持不下去。针对这个需求和场景，keep 推出了软文“春风十里不如跑步？不如先看完这 4 个能让你坚持下去的小建议”（见图 8–3）。

一上来，keep 就这样发布：

总说要跑步，却还没迈步，

春风吹十里，你到底在哪里？

又是一个春暖花开的季节，人们自内而外也都有一种不断向上生长的动力，无论你是初级跑者，还是跑步大神，都不应该错过和放弃这样的好时节，更多地走向户外，体验运动带给你的快乐与改变。

在这一段中，作者给用户带来了“不跑步就会枉费大好时光”的意识，将这种场景拓展了出来，与消费者的健身目的结合起来。这样也直接拉动

图 8–3　keep 软文

了消费者对 keep 的兴趣。

与此类似的还有《时尚旅游》的软文推广，该杂志是一本非常火热的杂志，旗下拥有大量签约的知名作家，这些作家写的软文都与时尚和旅游贴近，为消费者带去了美感和花钱的冲动。

图 8-4　时尚旅游糖豆豆发表的音乐节软文

2017 年 4 月中旬是美国一年一度的“coachella 音乐节”，这个音乐节不仅是音乐爱好者的天堂，更是购物者和旅游者的天堂。前往音乐节的人不仅有国际音乐人和大咖，更有大量时尚达人和品牌创始人。

《时尚旅游》的糖豆豆是一位时尚博主，也是一名软文、文案策划者。很多品牌找到了这位博主，希望能为自己的品牌做一些软文策划。于是，糖豆豆在《时尚旅游》中写了这样一篇软文：“全球达人现身 coachella 音乐节，2017 所有的时尚元素都被他们穿来了”（见图 8-4）。

软文内容如下：

早在两三个月前，不少明星、音乐大咖、时尚和旅游博主、爱音乐的年轻人，就开始积极热烈地为刚过去的这个周末和下一个周末做着各种各样的准备。就连 melrose 的艺术墙，也提前换成了相关主题。

终于在上周五，这一大群人搭飞机的搭飞机、自驾的自驾，到达了这一共同的目的地——coachella 音乐节。

不知什么时候起，coachella 已经不单只是一场音乐会，而是全球爱玩会玩人士的狂欢大 party 了。如果这还是你第一次听说 coachella，那说明你真的有点 out 咯！

coachella art and music festival 是每年四月在加州沙漠 Indio 举行的音乐节，时长两个周末，每场从周五到周日。在阳光、沙漠、棕榈树的环绕下，来一场三天两夜的音乐之旅。

提前两三个月会开始在网上售票，三天的票价在 400 美元左右。别看价格不便宜，但每次放票后几秒钟之内就会被一抢而空。关于住宿，你可以提前定好附近的酒店，也可以住帐篷。现场会专门提供大家露营的场地，方便嗨完通宵以后躺在草地上看日出。

上述这些表述都是在介绍这个音乐节的影响力，并且用通俗的文字，从住宿、消费等方面介绍了该音乐节的火热程度。接下来是介绍嘉宾：

表演嘉宾阵容也非常强大。扫一眼公布的嘉宾名单，相信懂音乐的你一定比小糖更知道这是什么级别。

由于 Beyonce 怀孕，所以周六的最大来宾换成了 Lady gaga，gaga 也不负众望，带来了自己最新单曲首秀；无数少男们的最爱 Kendrick Lamar，美国电台最爱单曲循环他的 hotline bling 的 Drake；连我都经常听说的 DJ Khaled，一出场全场就想跟着他的音乐跳舞的 DJ Snake……

随后，作者又从明星转移到了时尚博主、电商创始人、品牌代理商、品牌创始人角度。

有人这样评价："如果你想知道今年夏天的时尚流行趋势，那看 coachella 上的博主们怎么穿就对了。"

美国知名电商 Revolve，每年都会与 coachella 合作，邀请知名时尚博主、旅游博主前来参加音乐节。Revolve 的人会提前在现场开辟好自己的一大块专属场地。

一个博主今年红不红，就看有没有被 Revolve 邀请来参加 coachella 就知道了。每年都一定会出现的宇博姐姐。极富商业头脑的她，当然也知道 coachella 的火爆程度。赶紧抓住商机，今年将自己的品牌和 Revolve 合作，推出 coachella style 的牛仔短裤。裤兜上印的棕榈树是满满的加州 feel。

LA girl Aimee Song，也必然不会缺席，每天换一到两个造型丝毫不含糊……

总之，只要你见过的、听过的、各界的大博主们，你都能在 coachella 上看到他们的时髦身影。（作者用图片的方式展现出这些时尚达人和品牌创始人的产品）

……

看到这是不是已经超级心动，恨不得自己就在现场？好在下周还有一个周末有一场，心已经飞去的你不妨买张机票也出发吧。一起在沙漠里去释放一下青春的荷尔蒙！

在这篇软文里，作者将已有的场景与消费者的目的充分结合起来，不仅引导消费者前往音乐节听音乐，还通过软文的介绍让其关注这些时尚潮流的单品、物件等，那么消费者发起消费自然也不在话下，作者就这样为音乐节和文中的品牌做足了宣传。

8.4 画面感场景：从细节出发构建场景画面

软文中语言的意义非常重大，它可以构建出一个画面，它的特征意义在于，尽力避开那些抽象度高的词汇雷区，选择具有实际意义的词汇，构建可理解的“意义画面”。

其中，软文中动词的精妙在于，它可以使句子由静态立刻转为动态。注重互动性的营销类软文，如果只是毫无张力的辞藻堆砌，没有使之幻化的关键性动词，用户也不可能产生眼前一亮的感觉。

例如作家王小波在《红拂夜奔》中有一段这样的描述：

只有那匹马横着身子，跨着踢踏舞的步伐走过来，走到卫公的家门口就猛地立住，卫公从马上栽了下去，但是他家里的人手里拿着绳床在门口等着，一兜，把他接住，抬进家里去。

在这段话中，一个“兜”字，不仅描绘了卫公老年的糊涂样子，同时塑造出了一种滑稽戏谑的画面张力。

在软文中也是如此，构建画面感，需要从细节出发，从词汇中突出场景。

红星二锅头是一款广受年轻人欢迎的白酒产品。该产品的文案将产品与兄弟情链接，用词充满阳刚色彩、硬汉风格，例如“把激情燃烧的岁月灌进喉咙”“将所有一言难尽一饮而尽”“用子弹放倒敌人而用二锅头放倒兄弟”等语句，不仅符合这款烈酒产品的调性，也让情感表现更加激烈和热血，同时塑造出了很清晰的画面场景。

因此，软文中塑造画面场景是非常必要的。

8.4.1 白描手法：让意象连续、密集地出现

为了可以让软文塑造出场景画面感，我们可以使用白描手法，让意象连续、密集地出现。

软文可以运用绘画中的白描手法，按照时间顺序或内在逻辑串联一系列动作或意象，尽量抛开主观评论，单纯通过客观事物的展现，为读者勾勒一幅如在眼前的画面。并且，那些动作或意象是读者熟悉的，读到之后在头脑中立刻有反馈的常见行为或物体。

例如北京麦田房产经纪公司的一篇名叫“每一次交易背后，都是我们的

酸甜苦辣”的软文，作者就运用了大量白描方式给读者塑造出了一些熟悉的常见的画面场景，表达出了该公司员工的不易，其中有一段如下：

酸：从东城跑到西城，身上的味道，酸爽。

为了帮助客户找到“一见钟情”的房子，很多时候我们得满北京城地搜罗房源。我们渐渐了解从国贸到望京的所有乘车路线，总会惊讶地发现路上有很多和自己一样来回奔波的伙伴。我们骑着电动车，带着客户跑遍社区里大大小小的角落，一到夏天，身上的味道都快赶上“老坛酸菜”。不过即使如此，我们仍然乐此不疲，因为我们离客户未来的家越来越近，酸爽就酸爽呗，大不了多预备几套白衬衫，配上麦田黄领带，一样耀眼。

在这一小段的文字中，我们看到了作者细心的白描，“从国贸到望京的所有乘车路线”“骑着电动车带着客户跑遍社区里大大小小的角落”“身上的味道都快赶上‘老坛酸菜’”等。这些语句的密集出现，勾勒出了房地产工作人员“酸甜苦辣”中的“酸”，给读者带去了真实的场景联想。

8.4.2 多用比喻：让读者的脑袋轻松一些

每一个软文策划者都应该将自己看作是一名作家，都要了解文字是抽象的，画面才是具象的，想要让你的文字产生魅力，就应该使其具象，而有个方法就是多用比喻。

为什么现代人喜欢看电视剧、电影？因为看书太费脑，读了文字，还得费尽心思去理解，靠想象力转换成能理解的画面。而影视剧则直接以画面形象展现出来。所以，传达者如果表达得越生动，画面感越强，听众就越省力，在软文中这个意义在于，所传播产品和受众的隔阂会变小。

软文中使用比喻的目的就是制造画面感，让读者的脑袋可以轻松一些。在文学圈中这个模式已经流行了几百年，例如马尔克斯《迷宫里的将军》有一句话：“独立战争以来，他骑马跑了一万八千里，比绕地球两周还多。”

“一万八千里”是多还是少呢？观者对单纯的数字并没有太多的概念。而马尔克斯将这个距离和地球的周长做比喻，不仅画面感十足，也让观者产生了“原来将军跑了这么多”的内心感叹。这不由得让我们想起“霸屏”多年的香飘飘奶茶中的那句文案：“一年卖出七亿多杯，杯子连起来可绕地球两圈。”

在软文中，善用比喻的方式一定可以博得用户好感。两者可能是完全不相干的事物，然而它们之间的“神似”能在很大程度上唤起读者的想象力，产生共鸣的同时不禁让人拍案叫绝。因此，想让受众体验到你想表达的这种心理感受，就需要你利用比喻的方式构建出画面场景，让他们自然感受到你想表达的意蕴。

8.5 生活型场景：摘取生活中的动态故事影集

在软文的场景表达中，我们还需要留意一点，制造场景不如发现场景。而发现场景最好的素材就是生活。我们生活中的那些动态的故事，其实就是软文场景素材。例如你与父母分隔两地，每逢佳节倍思亲的这种场景，再比如孕妇乘坐公交车的场景等。

这也告诉我们，想要软文带给用户良好的情景体验，就要学会捕捉生活中的动态故事作为场景素材。

8.5.1 对生活体悟以温柔表达

制造软文中的生活场景，需要我们首先选取素材，然后加入情感，对生活体悟需要用温柔的情感来表达，这样的软文才能打动读者。同时，给读者形成一种美好柔情的画面。这样的软文适用于大部分类型的软文营销。

雀巢咖啡有这样一篇软文：“毛毛与雀巢‘小企鹅’”（见图8-5）。

图 8-5　雀巢咖啡软文

这篇软文描述的是一只猫与咖啡的故事，拟人化的表达，让生活中的这种美好趣事温柔又温暖地表达出来，同时体现出了雀巢咖啡为人和动物带来的无限柔情。

下面是软文中的节选段落：

11 月 20 日，周日，上午，零度，北京。

毛毛和姐姐百无聊赖地在家等待冬日的第一场雪。

在这一段文字中，简单介绍了这个生活故事的时间、地点、人物（毛毛是一只猫），通过这样简单的描述，给读者带来的是十分清晰的生活场景和画面感。

屋外大风降温，屋内暖意融融，玩点什么好呢？毛毛的日常可是欢乐多多。新鲜、有趣、刺激的玩意儿，毛毛都爱。姐姐搬出了家庭新伙伴——雀巢“小企鹅”。哇哦，线条好流畅，红黑经典的色彩配搭，跟毛毛的银白色皮毛好配呢。姐姐还把毛毛最爱的小红杯放上去了呢。

“小企鹅”呆萌的样子和毛毛一样一样的可爱。毛毛都看呆了，爱的不要不要的。Hoho，还有绿色球球，毛毛好激动。姐姐说要用它们来做 Cappuccino，毛毛可是纯正的英国短毛猫，意大利的“Cappuccino”是个什么鬼？

到底怎么玩呢？先放一颗白底球球进去，轻轻扳下手杆，哗啦哗啦啦，即刻出来白色液体了，奶香四溢啊。再一颗褐底球球，扳动手杆，哗啦哗啦啦，咖啡来喽，有苦苦的味道呢。

哇哦，好神奇呢。姐姐用勺子搅拌了下，咖啡有了灰白相间的纹路，好漂亮！

这就是Cappuccino啊！好浓郁好香甜的味道呢。毛毛迫不及待地要尝了，哎呀，姐姐抢先了。只给毛毛闻闻味道，毛毛好馋呢。姐姐喝了说，“正宗意大利味儿！”嘿嘿，下次要喝美式浓黑咖啡，姐姐不要和毛毛抢哦！

以上的表达，通过毛毛的心理活动和雀巢咖啡的呼应，充分表达出了生活中的温情场景，让雀巢咖啡深入读者的心里，这就是生活场景的良好功效。

8.5.2 描述亲身经历

软文的生活类型场景中，我们有时候还需要借助一些亲身经历。将生活中自己的亲身经历写入软文中，不仅真实生动，还可以给用户带去一种情景上的呼应和感应，唤起用户内心对生活的感悟和情感抒发。

例如一篇叫“《王者荣耀》教会我的事”的软文，作者用自己亲身玩《王者荣耀》的历程给用户传达了《王者荣耀》的优点和游戏教会她的事。

我这个“老阿姨”在《王者荣耀》火了快1年以后，终于也入坑了。开诚布公地讲，我觉得这是一个蛮有意思的游戏。因为我玩这个游戏短短1个星期，就发现它教会了我不少事。

你我不是没话可讲，只是缺一个机会。

“欢迎来到《王者荣耀》”，这个地方虽然不见得有真友谊真感情，却能让两个零交流零互动的陌生人，迅速打开话题。

我刚玩这个游戏，就让微信里一群“僵尸好友”突然间活过来不少，他们的消息一个接一个地来：“颜酱组队开黑啊，来不来？”这语气全然不像第一次和我说话，倒像是已经熟得不行的老朋友。

可见两个人有共同话题或是共同爱好，是多么重要，毕竟不易尴尬，也会多了很多理解。

……

整篇软文就是作者通过亲身玩游戏，告诉读者这款游戏可以改变人们的社交，可以增加人与人之间的距离感等。其中，作者在生活细节上的刻画，更是突出了生活场景的细腻，让读者跟随着作者一起深入体验。

8.6 产品型场景：结合产品特点植入场景

真正的场景化软文，是设计一个场景，将广告（所推广的产品）轻松植入，每当读者身处这样的场景时，首先就会想到你的产品。简单来说，此类软文可以占领用户心智，起到潜移默化的作用。

举个简单的例子：

又到一年中秋，月亮慢慢升起，无论是都市还是小巷，头上的月亮总是那么明亮。

在外地工作回不了家的她，望着月亮，拿起手机，拨通了熟悉的号码。

"喂，妈，是我。今年中秋我回不去了，春节才可以回家。"

"又不回来了啊，你已经三个中秋节没有回家了，一个人在外面，要好好保重身体，买月饼了吗？"

"不用买了，我们公司发的莲蓉月饼，很好吃呢。"

"哦，你肠胃不太好，吃月饼的时候，要多喝水，帮助消化。月饼含糖分比较多，吃多了容易上火，晚上睡觉前别忘记了喝 ×××，祛火效果很好。"

"嗯，知道了，××× 我会喝的。我还要加班，先不说了，你和我爸要保重身体。"

挂了电话之后的她，看着月亮挂在大楼之上，她的眼睛也一点点模糊了起来。她从桌子上拿起一块月饼，然后手里端着一杯 ×××，站在办公室的落地窗前，望着窗外的月亮和霓虹晚空，想念着家，想念着妈妈的叮嘱……

这篇软文是从现实生活出发，通过中秋节给妈妈打电话这样一个简单的场景，不仅仅表述出了妈妈对女儿的关爱，还通过场景对 ××× 产品进行了植入，可以说这篇软文是非常成功的。同时，此软文还会引发很多异乡游子的共鸣。

所以，我们需要在软文中塑造出一个产品场景，让产品顺利植入其中。

8.6.1 梳理出产品可支持的使用场景

首先我们要梳理出产品可支持的使用场景。例如你推广的是一款化妆品，那么现在开始梳理一下，可以植入这款产品的场景（见表 8–1）：

表 8–1　化妆品使用场景举例

场景举例	
女性聚会	几个闺蜜聚在一起逛街、看电影、购物，这时候在商场看到了某化妆品的促销活动……
	在聚会中，大家发现某密友的皮肤最近状态与众不同，焕发出青春光泽，于是其他几个闺蜜开始询问对方使用的是什么化妆品等（也可以反过来，发现某闺蜜皮肤状态很差，于是其中一个闺蜜推荐自己用得很好的一款化妆品……）
老友重逢	“脑补”这样的画面：两个大学好友（同龄）10 年不见，突然有一天，在大街上重逢，A 差点没认出 B，因为 B 的皮肤是那么好，几乎看不出是 30 多岁女性的皮肤，与大街上 18 岁女孩的皮肤状态无差，于是开始关注护肤的经验……
面试场景	某女性面试失败，最终发现原因竟然是自己的妆容不恰当，后来她使用了某化妆品，精神焕发，结果新面试时顺利通过。

当然，还有很多类似可以用到的场景。这些场景都可以顺利植入这款化妆品，并且让读者可以通过阅读软文，仿佛置身这些场景之中，从而对这款化妆品产生很大的兴趣。

总之，你要先梳理出一个可以让你的产品植入的场景，这个场景一定要让产品的出现毫无违和感，自然而然显现才可以让读者自然地接受。

8.6.2 确立产品独有场景，描述最大痛点

不是任何场景都可以为你的产品带来高效的传播，我们还需要确立产品独有的场景。在这里要特别注意一点，使用场景千万不能“贪”。举个例子，你打算在软文中推广一瓶饮料，你挖掘了它很多功能，例如可以提神、养颜、降暑、祛火等。你的产品看起来无所不能，但对于消费者来说，或许什么都不能。

所以，必须强调一点：就算你的产品功能真的很强大，你也只能选择一个最合适的特定场景，并且一定要将这个场景中的最大痛点描述出来，你就可以占领消费者的心智，引发品牌传播以及产品销售。

当然了，我们还可以根据不同的消费群体，对应不同的使用场景进行软文策划。

例如知名软文大师大卫·奥格威曾经给某炊具写软文，并成功地向不同的群体卖出了炊具。面对家庭主妇的时候，大卫分析后得出结论，家庭主妇们对烘焙的兴趣比烧烤大，所以他直接突出这款炊具烘焙的功能，设计出做点心、烘面包和做蛋糕等使用场景。

此外，面对男士的时候，大卫发现他们对烹饪方法没什么兴趣，他们只对烧烤特别钟情，于是设计了一个使用该炊具来烧烤的场景。

面对餐厅厨师做软文推广的时候，大卫又设计了另外一个场景：餐厅厨房中的应用，并且在这个场景中描述出了这部分用户的最大痛点——睡眠需求，告知厨师们使用这款炊具可以让他们多一个小时的睡眠时间，并且使厨房十分干净。

有了这些产品独有的场景，产品自然就能让目标受众接受，而且还能体现出他们的需求点和痛点，从而让软文发挥出场景设置的最大优势。

第 9 章

卖点：你看过的每篇软文都深藏卖点

做过营销的人都知道卖点的重要性。随着互联网技术的不断发展，在同一产品定位的层面上，品牌拉力、产品技术乃至营销手法越来越雷同。如何进行差异化营销，突出重围呢？这需要我们不断寻找卖点。对软文营销来说，抓住卖点也一样重要。如何进行卖点提炼呢？植入卖点都有哪些方法呢？这是广大软文策划者最为关注的问题。本章就为大家介绍在软文中提炼和植入卖点的方法。

9.1 找到目标使用人群，挖掘其需求

想要在软文中突出卖点，第一点就是要找到目标使用人群，这是前提。你必须明白你产品的目标使用人群的喜好、痛点，这样才可以让你的产品突出其价值，也就是卖点。

举个例子，你在软文中要推广某款增发剂，那么你的产品卖点如何寻找呢？首先你要明确目标人群是哪部分人（掉发、发量少等人群），然后了解这部分人的痛点（头发少、掉发严重影响日常生活，给社交、人际关系带来不便等）。那么，你在软文中可以突出这款产品的一个价值（卖点）——快速增发。目标读者看到后自然会因此而欣喜若狂，由阅读软文转化为购买产品。

因此，找到目标使用人群，在软文中突出相应卖点是很有必要的。

找到目标人群需要从产品价格分析和用户属性范围等来探求。

我们以 iPhone7 手机壳为例，首先这款产品只有拥有 iPhone7 的人才会使用，先从 iPhone7 的使用用户年龄的维度来分析。

0—14 岁：小学生乃至初中生，基本买不起，极少买得起的也是家庭条件较好的学生。

15—24 岁：高中生乃至大学生，没有工作能力或者极少数有工作能力，只有少部分人才买得起，并不是主流。

25—32 岁：普通打工族，不是很有钱。

33—40 岁：中高层管理人员，有一定经济条件，基本无生活压力。

40 岁以上：有经济条件，买一部 iPhone7 基本无压力，不过更看重实用性。

iPhone7 手机壳的价格属于低端产品价格，通常定位在 50 元左右，所以人群占比分析如下：

0—14岁：0%。

15—24岁：20%左右。

25—32岁：50%左右。

33—40岁：20%左右。

40岁以上：10%左右。

再来看一下性别属性维度：根据产品的设计理念、产品销售渠道数据反馈、用户人群调查问卷可知，男性占20%，女性占80%。

根据这些属性的调查，目标人群就很自然找到了：年轻的女性为主，大部分为工作时间1—5年的白领阶层。

找到了目标人群，就需要回归产品，分析这部分人群在使用手机壳时会遇到什么问题，对产品有什么期望和需求。比如：

（1）手机壳套在手机上，使用手感不好；

（2）手机壳材料太粗糙，没有质感；

（3）手机壳容易发黄，易脏；

（4）手机壳容易出现裂痕和划痕；

（5）手机壳太厚重，不美观。

了解了这些用户的需求和痛点之后，接下来产品卖点就提炼出来了：

（1）裸机使用感体验；

（2）选用优质材料，质量好，耐用；

（3）不掉色，易擦洗；

（4）抗摔，抗磨；

（5）超薄，个性设计，时尚美观。

也许你觉得这些特点足以让用户对你的产品产生兴趣了，事实上还不够，因为这些都是用户的烦恼，你的产品还应当有其他亮点。例如独家设计师亲自操刀设计、独一无二定制图案、选用进口材料等。你必须把所有的卖点按照用户最关心的优先级做排序、做整合，将相近的结合在一起，不重要的舍弃掉。

接下来，你就要根据这些卖点做软文策划，根据目标人群的喜好组织语言，组织风格画面，给用户呈现出一篇卖点满满的软文。

例如这样一篇写手机壳的软文：

前几日，我男朋友刚给我买了一部 iPhone7 手机，正当我在噼噼啪啪地自拍时，闺蜜跟我说："你这样很容易把手机摔在地上的，怎么不买个手机壳呢？"我当时不以为然地说："我就喜欢裸机的感觉，带上壳，手机用起来没有手感，而且显得笨重。"

闺蜜看了看自己那咧着嘴巴大笑的哆啦 A 梦的手机壳，直擦汗。

熟悉我的人都知道，那几天我几乎每天都在朋友圈里发自拍。

然而有一天，奇怪的事情发生了……我正在举着手机和小区里的一条金毛犬自拍合影，这时候一个小朋友从后面突然冲出来，把我吓了一大跳，与此同时，我看见我的"小七"在半空中划了个弧形状，然后光荣地跌落在了地上。

当时我仿佛听见了我的心碎声和"复仇"的心声。我愤怒的眼神紧紧跟随着这个横冲直撞的小子，可是当他回过头来，露出一个萌萌的微笑时，我的心顿时化了。哎，谁让我心慈面软呢。

我捡起"小七"迅速检查，我瞳孔放大，一眨也不眨眼检查着"小七"全身，还好并无大碍，但是左边边框落下一个芝麻粒大小的"疤痕"，我在欲哭无泪，心疼得"死去活来"时，脑海里突然出现了一张哆啦 A 梦的脸，那是我闺蜜手机壳的图案。我想起了闺蜜的告诫，看来还得听她的话。

我打通了闺蜜的电话："把你的手机壳网址发过来，立刻、马上！"

闺蜜打断了我的话说："我已经把我的手机壳换掉了，上次你告诉我裸机质感之后，我回去立刻把哆啦 A 梦的手机壳换掉。我现在新买的这款手机壳，不但超薄，而且后面的图案还可以自己设计，十分时尚。材料也是从韩国进口的高科技材料，抗摔抗磨更突出。我把这个新的网址发给你，你去挑一下吧。"

……

这篇软文用搞笑幽默的故事形式吸引了人们的目光，然后突出了目标受众以及用户对手机壳的需求和痛点，同时在最后自然而然地流露出了这款手机壳的卖点和优势。

9.2 软文要回归到产品中，强化卖点价值

用户在浏览软文时，眼睛往往会产生聚焦，总是聚焦到他想要获得的内容上，而那些空洞的文字很容易被用户过滤掉。因此，软文中废话一定要少，突出重点和特点才是写软文的王道。比如在软文创作中，创作者可以去除一些夸赞的华美句子，而是改用直白的话语将产品的优势表达出来，或者突出产品的优点和使用者的心得等，这些都能表达出产品的卖点，让用户感兴趣。

事实表明，文字和图像能够引起人们注意的比例分别为 24% 和 76%，而能够唤起人们记忆的比例是 65% 和 35%。很显然，在软文中文字和图像都非常重要。但是想要真正唤起用户对软文的兴趣和使其有较高的记忆度，单凭一些文字和图片仍然很难实现，这需要有更好的软文内容——卖点（强力吸引用户的地方）。

如果一篇软文中没有卖点，那么用户看完之后也就结束了，对你的产品和所要表达的营销目的根本没有印象和兴趣。因此这样的软文是毫无营销意义的。

要解决这个问题，其中一个很重要的方法就是在软文中加入可以吸引用户去购买产品的词语或者事件。

很多企业的软文内容之所以没有人去阅读，不只是因为内容空洞、泛泛而谈，而更重要的是内容中没有太多的能提起用户购买欲望的说辞，即行文中没有突出企业产品的卖点。

事实表明，一篇好的软文，内容不见得需要太多华丽的辞藻修饰，那些

具备吸引用户去购买的说辞、文字更能真正吸引人们阅读，进而刺激人们直接通过内容而去购买该产品，例如在软文中加入“再不买就晚了”“据说是限量版”等说辞。

还有一种方式是在软文中体现出产品的高价值（卖点），将这些价值放大，可以用具体化的文字或者数字等方式来体现，强化卖点。

2017 年 4 月 19 日，以凯迪拉克为主题的一篇软文“凯迪拉克 ESCALA 概念车亚洲首发亮相”，占据了各大汽车行业网站首页（见图 9-1）。

凯迪拉克ESCALA概念车亚洲首发亮相

2017-04-19 凯迪拉克

当我们所处的时代拥有越来越多的途径去享有豪华，当人们为豪华制定越来越苛刻的标准与需求，始终引领潮流的凯迪拉克又将为品牌的未来赋予怎样的价值？今天，在2017上海国际车展正式登场亮相的凯迪拉克ESCALA概念车将用最新的设计语言和科技理念，以胆识勾勒下一个时代新美式豪华的趋势。

图 9-1　凯迪拉克概念车软文

这篇软文的背景是凯迪拉克在 2017 年推出 ESCALA 概念车，并且在 2017 年上海国际车展上亮相。作者以此为契机，写了一篇软文。下面节选几个重点段落，分析一下这篇软文的精彩之处。

当我们所处的时代拥有越来越多的途径去享有豪华，当人们为豪华制定越来越苛刻的标准与需求，始终引领潮流的凯迪拉克又将为品牌的未来赋予怎样的价值？今天，在2017上海国际车展正式登场亮相的凯迪拉克ESCALA概念车将用最新的设计语言和科技理念，以胆识勾勒下一个时代新美式豪华的趋势。

历史与未来的联结点。

1938年，凯迪拉克的“汽车设计之父”哈利·厄尔发明了汽车业界公认的第一辆概念车，在这座以智慧为穹顶、以创新为支柱的殿堂里，为汽车设计插上了“飞翔的翅膀”。对ESCALA而言，它不仅是一款呈现未来新美式奢华格调的概念车，更处处体现着对凯迪拉克品牌历史经典的敬意。它在大胆捕捉未来灵感的同时，又与凯迪拉克的品牌哲学紧密相连，才能在极富表现力的造型语言中确立经得起时间考验的设计哲学。

这篇软文开始就介绍凯迪拉克在2017年上海车展上的概念车亮相以及回顾历史，从凯迪拉克的第一辆概念车说起，给读者带来了“概念车”的非凡意义。事实上，这些意义本身就是凯迪拉克这款概念车的一个内在价值和卖点。接下来继续阅读软文：

从侧后方看，ESCALA概念车的车顶线条以平缓的弧线向后延展，与20世纪40年代的凯迪拉克“Sedanette”轿跑车一脉相承。而ESCALA概念车的流线型掀背设计结合大面积舱门开口，也让车主可以便捷而优雅地装取行李。ESCALA概念车的车尾同样拥有极具层次感的线条与立体型面，灵感源于1971–1972款凯迪拉克Eldorado。

在凯迪拉克ESCALA概念车上，全新演化的直列式尾灯第一次向三个方向延展，在任何一个角度都能看到极富变化的视觉效果。无论是尾灯与电镀装饰之间的关系，还是饰条纹路，ESCALA概念车与1967款Eldorado都有着异曲同工之妙，进一步诠释着ESCALA概念车的视觉层次。

凯迪拉克全球设计执行总监安德鲁·史密斯先生表示……

驾驶舱前端配备三块OLED曲面显示屏，将传统的仪表组和中控面板完美结合在了一起。显示屏均采用纤薄设计，层叠布局，置于驾驶员前方，背面以手工缝制真皮包裹，并饰以凯迪拉克品牌徽标，视觉上尤为瞩目，这项技术未来也将应用在凯迪拉克旗下的量产车型中。

为了与概念车的恢宏气度相匹配，设计师为ESCALA概念车配备了双层辐条设计的22英寸轮毂。这样的双色“辐条”在视觉上可以比正常的轮毂更纤细，且尽可能地向轮毂中央聚拢，更原汁原味地再现设计师的意图，值得一提的是，全部的铝合金轮罩的抛光均由手工完成……

在上述的几段文字中，我们可以看出作者选用了比较具象化的文字和数字、科技方式、操作模式来体现凯迪拉克这款概念车的价值和卖点。例如车身线条、车灯设计、车内OLED曲面显示屏、车轮铝合金轮罩的手工抛光等，这些都向读者强化了这款车的卖点和价值所在，让读者对这款车产生向往并引起关注。

因此，突出卖点的软文还必须要回归到产品上，让产品的价值体现出来，强化读者对产品的印象。当然，除了在上述凯迪拉克这种直接阐述的方式外，我们还可以灵活采取其他方式，比如事件表达、对话形式、故事形式等突出卖点。

9.3 根据卖点设计软文

有些软文策划者绞尽脑汁想要在软文中体现卖点，但是最终给用户带去的很可能是反感。事实上，硬性加入卖点的确不是最佳方案。软文讲究的是“软”，绵里藏针，我们就应该在设计上做好布局和统筹。

软文的一个基本目的是降低传播成本，这也是一个非常实效的原则。但是软文始终还是属于营销的一部分。营销以实效为准则，软文有没有效，需要通过实践来检验。

美国广告界科学派的代表人物霍普金斯写过一本《科学的广告》，该书提出，卖点是任何广告形式都必须要突出的，没有卖点的广告只能是优美的句子，不是广告。

软文也是同样的道理，而要在软文中突出卖点，其实还有一个非常有效的模式：根据卖点来设计软文。

很明显，大前提是必须了解产品的卖点都有哪些。

第一步，我们要先理清楚产品的所有卖点。

找到一张纸，在纸上罗列出产品的所有卖点，可以用思维导图的方式，既清晰又明了，方便我们总结产品卖点。

第二步，找到最大的一个卖点，然后围绕这个卖点策划故事类型软文。

第三步，整合卖点，用故事方式吸引用户阅读，带领用户进入阅读状态，最后在文末抛出整合之后的卖点。当然抛出卖点时，一定要与软文故事衔接恰当（见图9-2）。

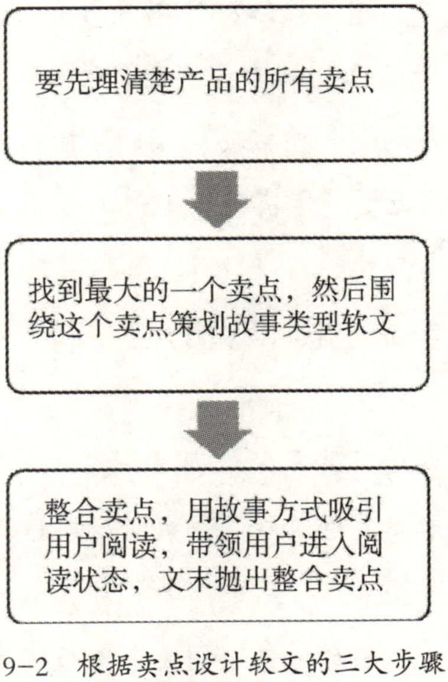

图9-2　根据卖点设计软文的三大步骤

例如，下面这篇软文就是很典型的根据卖点设计的故事软文。

软文的名字叫“你只知道隔壁老王，却不知道老王的老婆……”（很吊胃口的标题，是典型的悬疑类型的软文）。

大家好，我是王叔叔。我不住你家隔壁，我家隔壁也没有老王。可是最近我老婆有点奇怪。

她最近回到家就说不饿，难道是有心事吃不下饭？但除了不跟我说话，她跟她的闺蜜、好友都聊得很开心。

最近老婆还说和朋友去看电影，明明最近上映的电影都不咋样，难道她受烂片毒害太久，审美崩坏了？

平时公园散步都嫌远的老婆，居然开始天天逛街购物！除了卖服装的小哥比我好看，我真想不到其他理由，但是这怎么可能呢？

直到那天，从来不爱出门的她包里掉出一张网吧会员卡，让我不得不重视起这个问题，难道她是网恋了？

我问老婆最近为什么总是往外跑，是不是瞒着我去见谁了？可是老婆却很平淡地说我想多了，说她只是约了朋友而已。

天哪！这种平静的态度，已经对我无所谓了吗？

聊天、看电影、去网吧、逛街……我们恋爱时才会经常做的事情，我紧紧地裹了裹小棉被，想到了一些极其恐惧的事情，难道她真的……

这些奇怪的举动背后，一定有什么惊天大秘密。于是我趁她洗澡的时候，偷偷看了她的手机。

手机桌面上赫然写着“有其屋装修网”，难道这是约会的圣地吗？我不禁点击进去……

我百度了一下才知道有其屋装修网是一站式家装服务平台，专门为业主解决装修困扰。原来老婆最近都在烦恼装修的事情呢，真是辛苦老婆了。

有其屋装修网服务亮点：

1. 严格准入原则。入驻的装修公司都是经过严格的资质审核。

2. 三家装修公司免费PK，比服务，比设计，比报价。

3. 0元设计，空间扩容15%。全屋扩容设计，不剩 $1m^2$ 鸡肋空间。

4. 免费第三方监理验收服务，6大项，150条检验标准，全程施工管家式监理服务。

5. 真正的先装修后付款，验收满意后付当期工程款。

6. 快速维权，装修有保障。杜绝扯皮推诿，投诉无门。

既然有这么便捷的家装平台，还不如早点预约装修服务！

这篇软文就是根据有其屋装修网的六大卖点而设计了一个有趣的故事。作者理清楚这些卖点之后，就开始策划如何才能让这些卖点自然而然地体现出来，于是从一个男人怀疑老婆有外遇开始，一步步进行营销铺垫，这种方式值得每一个软文策划者去学习借鉴。

9.4 不讲废话，掌握植入产品卖点的技能

作为软文，内容都是以推广产品和服务为主，这就关系到产品植入的问题。植入产品是软文内容的重要部分之一，是软文操作系统中不可缺少的一部分。不过，一篇软文如果广告意味太深，会给用户一种“挂羊头卖狗肉”的感觉，那么，软文就跟广告没有了区别。因此，我们需要掌握植入产品卖点的技能，让软文达到“润物细无声”的营销效果。

9.4.1 以用户的语言说明产品功效

一篇软文要对产品进行推广，扩大产品知名度，从而让更多的人了解它，首先，你需要充分地了解产品的功效。

对于顾客而言，他们买的不是你的产品或服务，深层含义是，这些产品

或服务能够为他们带来什么样的效果。许多营销人员并未认识到这点，他们只会描述产品或服务的特点，在他们眼中，顾客应该自己知道产品或服务的好处。

所谓特点，是对产品或服务的独特之处进行描述，是指产品或服务的本质；而功效则是指产品或服务能为消费者“做什么”，是指产品或服务的使用者能从产品或服务特点中所得到的好处。

因此，我们需要在软文中告诉读者他们能从产品中得到什么益处，而不是一味地描述产品特点。要懂得“如何将特点转化成功效”，再以“用户的语言”来说明这些功效。

为什么微信这么快就受到大家的欢迎，其中有个重要原因就是它在软文推广中很好地运用了这点。首先，微信是互联网产物，给人的印象都是创新、流行、年轻化；其次，微信使用的用户大多数是年轻人；最后，微信公众平台本身就是文化传播最好的途径之一，用户都十分喜爱。我们来看一下这篇微信 APP 的推广软文，标题是：“离开微信的 12 小时，会怎样？”（见图 9–3）。

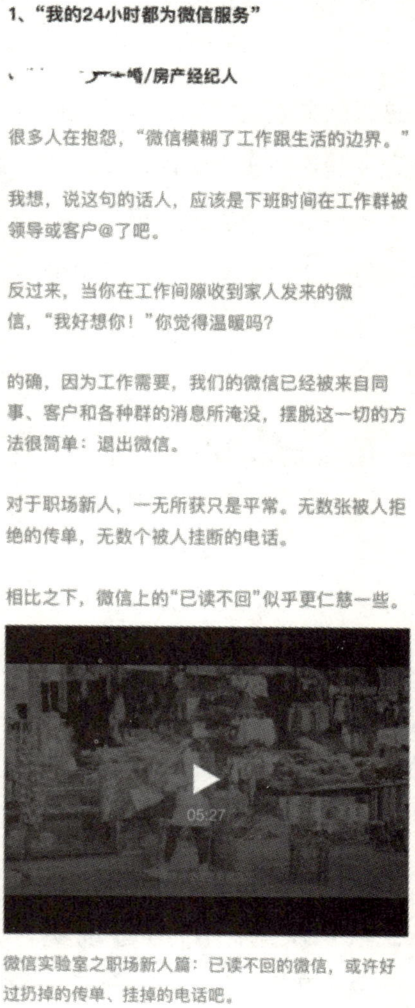

1、“我的24小时都为微信服务”

/房产经纪人

很多人在抱怨，“微信模糊了工作跟生活的边界。”

我想，说这句的话人，应该是下班时间在工作群被领导或客户@了吧。

反过来，当你在工作间隙收到家人发来的微信，“我好想你！”你觉得温暖吗？

的确，因为工作需要，我们的微信已经被来自同事、客户和各种群的消息所淹没，摆脱这一切的方法很简单：退出微信。

对于职场新人，一无所获只是平常。无数张被人拒绝的传单，无数个被人挂断的电话。

相比之下，微信上的“已读不回”似乎更仁慈一些。

05:27

微信实验室之职场新人篇：已读不回的微信，或许好过扔掉的传单、挂掉的电话吧。

图 9–3 用户的语言说明产品的功效示例

这篇微信 APP 的推广软文，软文内容通过房产经纪人、退休教师和年轻情侣离开微信 12 小时的亲身体验，以用户的语言来诠释微信给人们带来的好处（微信的卖点也就突出出来了），深入人心，让读者产生了共鸣，达到了推广效果的最大化（见图 9–4、图 9–5）。

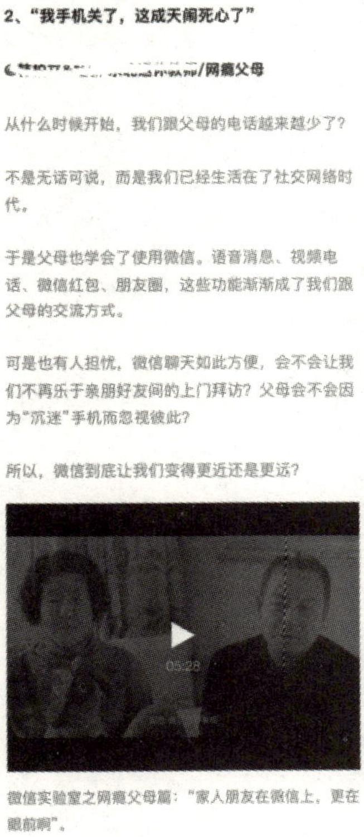

2、“我手机关了，这咸天闹死心了”

@[illegible]/网瘾父母

从什么时候开始，我们跟父母的电话越来越少了？

不是无话可说，而是我们已经生活在了社交网络时代。

于是父母也学会了使用微信。语音消息、视频电话、微信红包、朋友圈，这些功能渐渐成了我们跟父母的交流方式。

可是也有人担忧，微信聊天如此方便，会不会让我们不再乐于亲朋好友间的上门拜访？父母会不会因为“沉迷”手机而忽视彼此？

所以，微信到底让我们变得更近还是更远？

05:28

微信实验室之网瘾父母篇：“家人朋友在微信上，更在眼前啊”。

图 9–4　微信 APP 的推广软文内容

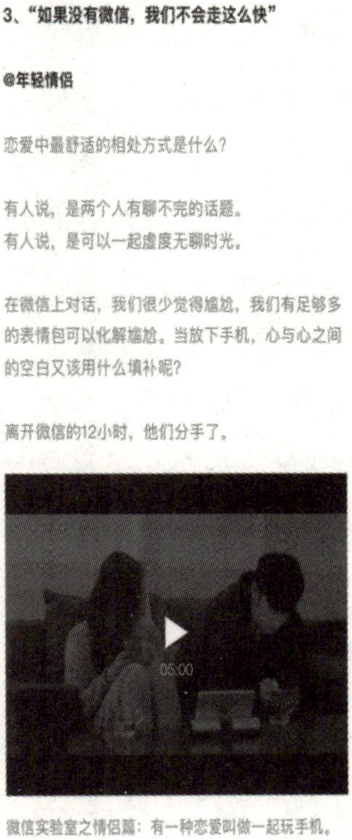

3、“如果没有微信，我们不会走这么快”

@年轻情侣

恋爱中最舒适的相处方式是什么？

有人说，是两个人有聊不完的话题。
有人说，是可以一起虚度无聊时光。

在微信上对话，我们很少觉得尴尬，我们有足够多的表情包可以化解尴尬。当放下手机，心与心之间的空白又该用什么填补呢？

离开微信的12小时，他们分手了。

05:00

微信实验室之情侣篇：有一种恋爱叫做一起玩手机。

图 9–5　微信 APP 的推广软文内容

9.4.2 创意百出浮现卖点

对于产品推广软文来说，每篇软文都必须为消费者提供至少一个卖点，这个卖点必须是竞争对手没有的，或者说是有比较优势的。产品的卖点能吸引消费者，才能让消费者“投入你产品的怀抱”，这个独特的卖点必须对消费者足够重要。那么，如何才能突出卖点呢？

很多人在写软文植入广告的时候，先寻找表现形式和手段，然后再与软文主题相联系，只追求表面效果，这样，往往容易让软文看起来生硬。要让卖点自然浮出效果，其中有个方法就是，你的软文要有足够的创意。

我们来看这样一篇软文，标题是：“OMG！就连百度都无法解释这个词的真正含义”（见图 9–6）。

图 9–6 创意百出浮出卖点示例

该软文是一汽大众汽车的推广软文，十分有创意。开头以设问的方式提出问题：“幸福是什么？”对于每个人来说，幸福有着不同的含义（见图 9–7），但当它来临时，却能让所有人心中都是暖暖的。

软文最后给出了幸福的定义（见图 9–8）。

图 9–7 一汽大众汽车推广软文内容

图 9–8 一汽大众汽车推广软文内容

不得不说，该软文十分有创意，在不知不觉中读者会被软文所吸引，广告植入自然，读者不会产生反感，从而使软文发挥了最大的宣传作用。

9.4.3 跟竞争对手做对比

在写软文的时候，我们还可以通过跟竞争对手做对比，让软文更具影响力。在与竞争对手做对比时，需注意一点，融入的产品卖点必须是对手所没有的，或者说是无法提供的，从而让你的软文更具说服力。

例如，微信知名公众号“中广指南针”在为新浪微博做软文推广时利用了这点，我们来具体看一下，标题是“微博 PK 传统媒体”（见图 9–9）。

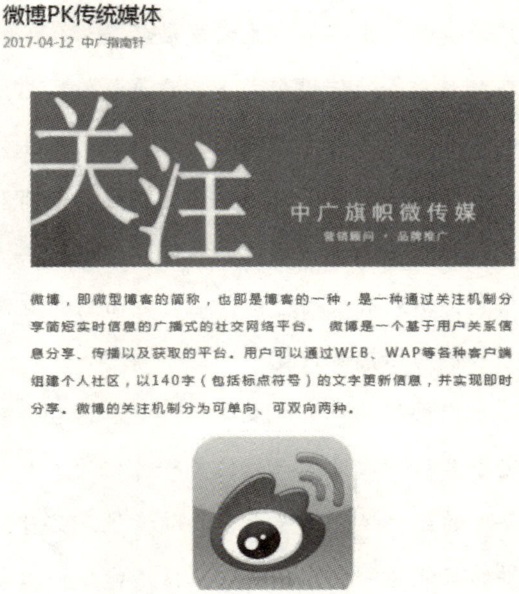

图 9–9　跟竞争对手做对比示例

文中提到，微博区别于传统媒体的传播特点主要有以下三点：

创新性交互方式

相对于博客、人人网、腾讯等社交网络媒体来说，微博信息传播模式重要的一点是交互模式上的创新，它是一种节点共享的即时信息网络。与其他社交网络的传播方式不同，微博用户所关注的信息发布者不一定要与关注者建立起对等的关系。在人人网或 QQ 空间的信息交流中，传播关系是一对一的，关注对方信息要建立在对方的许可和与之建立对等关系的基础上，微博不然，它是一对多的，关注对方的动态不需经过允许，这与传统媒体有类似之处，粉丝的数量则取决于传播主题的知名度和传播内容的价值。微博这种创新性的交互方式，产生了可以量化的“粉丝”群体，也为名人及企业、社会、公共服务方面的领域建立起了一个更平民化的沟通平台。

传播主体多元化

微博的传播主体从草根到知名人士，再到企业、传媒及明星，范围非常广泛。新浪微博最先主动发展的是媒体人，第二批是名人，第三批是企业。在相对平等的传播模式下，意见能够更自然地表达，而每个人也会因为各自的影响力而赢得更广泛的粉丝群。传播主体的多元化，表示着传播意见的多元化，这就形成了一个自由的舆论场，有利于信息的交流和自我净化，相对于传统媒体来说，意见的表达及信息的传递更为自由。但也正因如此，许多信息得不到有效的验证，在此方面则需要传统媒体进一步介入。

信息传播碎片化

微博影响社会的主要形式是加速和分裂。微博不同于博客，字数限制决定了其从切入方式开始便是碎片化的。而其更新的便捷性决定了文本并没有整体的连接性，而是更多的随意性。另外，新闻事件的报道方面，微博所提供的只能是一些片断化信息，不能保证信息的完整性。也正是因为有这些碎片化的信息，其实是对大众媒体垄断带来的信息不平衡，而这些不平衡点的突显，更能使其信息价值得以实现。

该软文通过与传统媒体做对比，突出微博的特点，让读者能够迅速地了解微博的特点，使读者容易接受，不会让读者产生“挂羊头卖狗肉”的感觉。

9.4.4 用事实举例说明一切

很多人可能不理解，怎么用事实举例说明一切，换句话说，其实就是将产品的信息——往往是卖点，以举例的方式展现在读者面前。

例如，年糕妈妈公众号在为儿童图书做软文推广时就采用了这种方法，标题为“开团：1 岁、2 岁、3 岁、5 岁该读什么书？分龄书单帮你选好啦！”

（见图 9–10）。

开团 | 1岁、2岁、3岁、5岁该读什么书？分龄书单帮你选好啦！

2017-04-21 年糕妈妈

这个周末很特别。

世界读书日就在这一天。4月23号，也是莎士比亚的生日和忌日。

这一天，全世界的文青都不安分了。比如英国，有书店会发出1英镑的购书券给孩子；西班牙则过得跟情人节似的，买本书就送一枝玫瑰。

不过讲到底，这还是个提醒大家**静下心来读书的日子。**

所以，各位宝妈，这个周末，也别忘了给宝贝读读书哦。

图 9–10　年糕妈妈公众号推广软文内容

如今，家长最关心的问题之一就是孩子的教育问题。该软文标题通过列举 1 岁、2 岁、3 岁、5 岁孩子该选择什么样的书，成功吸引了孩子家长的注意。软文内容针对不同年龄段的孩子，通过举例的方式告诉读者选择不同类型的书（见图 9–11）。

这里有5本各具特色的绘本给大家，标注了适用的年龄，各位妈妈按需索引咯！

1 |《Books on the go》 0岁+

2 |《The ABC book of...》1-5岁

3 |《中英双语发声套装》1岁+

4 |《小贝壳世界经典绘本》2岁+

5 |《我是小艺术家》2岁+

图 9–11　用事实举例说明一切示例

9.5 软文突出产品卖点的公式

罗塞·里夫斯在《实效的广告》一书中曾说过："如果你的产品没有比同类型对手更好或者没有区别，那么，消费者就没有任何理由只选择购买你的产品，而不是选择别家。"一件产品要有自己独特销售卖点（USP），这是产品能够胜出对手的主要优势之一。

根据罗塞·里夫斯的理论，一个独特销售卖点须符合以下3项条件：

（1）每篇广告都必须为读者提供一个卖点。每篇广告都必须表明：如果你买了这个产品后，就可以获得怎样的好处。你的广告标题需要包含一项购买益处，给读者的一个承诺。

（2）产品的每个卖点都必须是竞争对手没有的，或者说是竞争对手所无法提供的。准确地来说，这是产品独特销售卖点的精髓所在。如果只提供益处是不行的，你还必须要让你的产品与其他同类产品有所区别。

（3）你的产品卖点必须足够吸引消费者，这样才能让更多的新顾客"投向你产品的怀抱中"。所以，在你的产品卖点中，不能只是在某个小地方做出区隔，这个独特的卖点必须让消费者觉得足够重要。

由此，我们依据这个理论总结出了3个在软文中突出产品卖点的公式，如下。

9.5.1 AIDA 公式：注意力 + 兴趣 + 渴望 + 行动

一篇成功的软文，首先一定要吸引读者的注意力，勾起读者的阅读欲望；然后，在阅读的过程中使读者对产品产生兴趣；接着，让读者将这份兴趣升华为对产品的强烈渴望；最后，才能让他们采取能促成成交的行动，或者直接要求读者购买产品。这是突出产品卖点的公式之一（见图9-12）。

图 9-12　AIDA 公式：注意力 + 兴趣 + 渴望 + 行动

能够让读者产生兴趣的往往是软文的标题，标题能否成功吸引到读者是决定读者是否继续阅读的关键。读者在了解内容后，才会对产品产生强烈渴望，最后达成交易。例如，百雀羚在做软文推广时就采用了这个公式，标题是："我不能忍，我一定要讲！"（见图 9-13）

图 9-13　百雀羚推广软文内容

读者在看到这样的标题时，一定会想，到底是什么事情让作者忍无可忍，一定要讲出来。这样一来，标题成功吸引住了读者眼球，勾起了读者继续阅读的欲望。

接下来软文策划者写到"世界地球日"，引出环境保护和资源问题，这时读者了解到作者不能忍的是浪费资源的行为。软文策划者通过漫画的形式（见图 9-14、图 9-15）引出百雀羚产品，使读者对产品产生兴趣。再通过对产品特点的描述"天然草本是百雀羚的珍贵原料，所以一直很关注环保和资源问题，追求与自然的共生共存”，使读者产生想拥有该产品的强烈渴望。

图 9-14　百雀羚推广软文内容

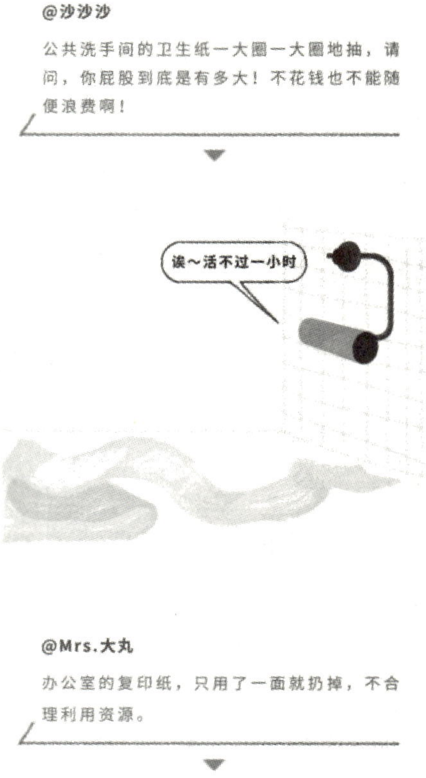

图 9-15　百雀羚推广软文内容

图 9-16　百雀羚推广软文内容

试想一下，如果你是一个环保意识比较强的人，当你在看到这样一篇软文时，你会不会对产品产生购买欲望呢？也许，在某个时间段，就促成了交易。

9.5.2 ACCA 公式：认知 + 理解 + 确定 + 行动

在读者看到你的软文后，我们必须要让读者认知到你产品的存在；接着，通过内容让他们能够理解产品的功能；当读者理解产品的功能后，必须确定读者是否有意愿购买产品；最后，他们才会采取行动，真的掏钱购买。这是突出产品卖点的第二个公式（见图 9–17）。

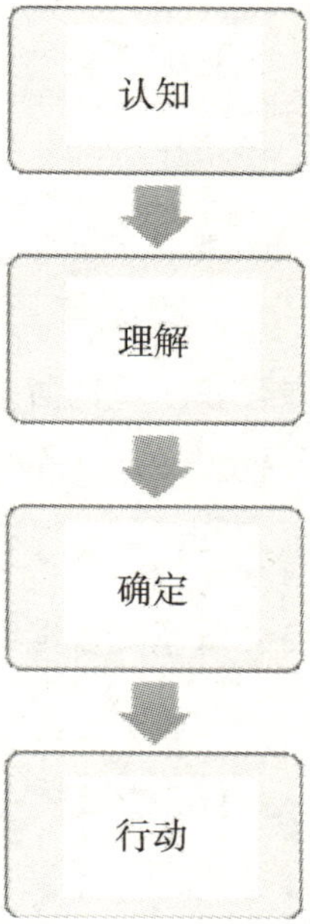

图 9–17　ACCA 公式：认知 + 理解 + 确定 + 行动

只有当读者知道产品的存在后，才会想要对产品的功能进行了解，进而在了解功能的过程中产生购买欲望，最终达成交易。对于产品推广类软文来说，这种方式十分受用。

在 2017 年年初，汉堡王联手韩国 Cheil 推出一款眼罩（见图 9–18），这款眼罩深受大家喜爱。其推广软文就利用了这个公式：“有了这款神器，妈妈再也不用担心我坐地铁睡过站了！”从标题上，读者能了解到这是一篇产品推广软

图 9–18　汉堡王推出的小憩神器

文，接下来，读者就会忍不住想要了解到底这是一款什么神器，具有什么功能。

北上广的人对地铁并不陌生，打个盹睡过站更是家常便饭。而汉堡王出了一款神器，让你不会再错过地铁站 。

其实汉堡王做的并不是什么黑科技产品， 只是一款普通的眼罩，方便乘客在坐地铁时戴上眼罩小憩。汉堡王在眼罩上做了文字的改进，上面写有："请在 XXX 站叫醒我！" 当人们理解了产品的功能后，对于上班族，尤其是北上广的人来说，这无疑是一件神器。因此，对于这样的神器，消费者最终会乐意掏钱购买。

9.5.3 4P 公式：景象 + 承诺 + 证明 + 敦促

人们对于美好的东西都会有所憧憬，这是人性的本能。那么，我们在写软文的时候可以运用这点，适当地卖卖关子，吊吊读者胃口。

在写软文的时候，我们可以适当地通过某些词语来描绘出一幅景象，向读者呈现产品能够为他们做些什么；然后给他们一个承诺，假如他们购买产品，这幅景象就能够变成现实；接着，可以通过其他产品使用者来证明产品的价值；最后，敦促读者采取行动购买产品。这就是突出产品卖点的第三个公式（见图 9–19）。

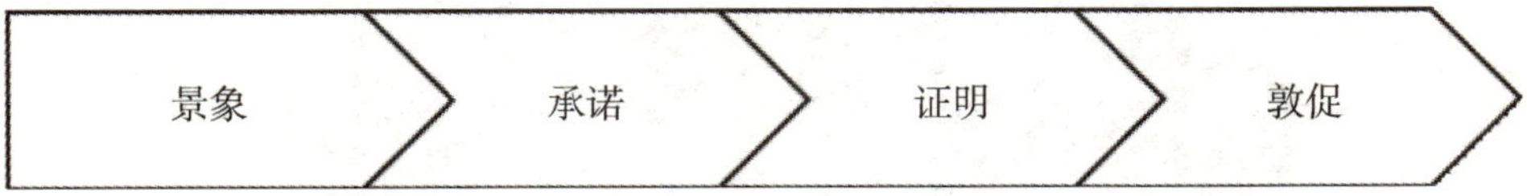

图 9–19　4P 公式：景象 + 承诺 + 证明 + 敦促

这种方式留给了读者一个悬念，吊起了读者胃口，满足了读者需求，利用了使用者见证。通常，来自第三方的话语比较有说服力，满意的顾客会用他们的话来称赞你的产品。与此同时，敦促读者购买产品。这种方式往往更容易让读者接受。

在淘宝论坛中有这样一篇软文很受读者关注，阅读量达到 10 多万次，很多人在文章后面评论使用该产品的效果十分不错。标题是："把一棵树搬进屋，结果美翻了整个家！"

总是觉得没有时间出门接触大自然，你有想过把一棵树搬回家吗？简单几步，教你把家打造得比森林还美！

这是一篇家居用品的推广软文。软文开头成功给读者描绘出一幅景象"用树打造比森林还美的家"。读者不禁会憧憬，如果我也拥有这样的一个家，是一种怎样的体验？接下来他们会继续阅读文章内容。

通过阅读内容，读者了解到，原来是利用各种树桩制成花瓶、烛台、书架、置物架、餐垫、桌凳、印画等家居用品美化房子，既美观又实用。

软文策划者通过晒出产品使用者拍摄的照片（见图 9-20），来证明产品带来的效果，并敦促读者"想要生活变得更美，你也可以"。

图 9-20　产品使用者拍摄的照片

软文最后这样写道：

生活就是这样，平凡而普通，但如果你愿意去动手改变一点，很容易可以收获自己喜欢的东西，不要再碌碌无为啦，和我一起，让生活变得更美吧！

不难想象，这篇软文之所以有着 10 多万次阅读量的原因。

因此，在写软文时，要想你的产品卖点突出，掌握软文写作展示卖点的公式是很有必要的。

第 10 章

推广：所有的努力只不过是一场发布

软文营销是促进品牌提升与产品销售最有效的手段之一。很多人认为，软文写完后就没事干了，殊不知软文发布是软文营销的重要环节。前面我们讲了很多的软文写作技巧，当我们掌握这些技巧写好软文后，接下来最重要的就是发布软文，最后的发布如若完美漂亮，你的软文营销体系才会更加健全和高效。

10.1 传播品牌和提升销量是软文推广的最大目的

软文营销是提高产品知名度、打开市场的宣传手段之一。软文本质上是广告，最大的目的是为了传播品牌和提高销量。软文发布到各大平台，用户可以通过软文了解产品信息，从而提升产品的影响力和知名度。通过软文的传播，给产品带来销量是软文推广的最终目的。

那么，一篇传播率高和有力提升产品销量的软文，应具备哪些要素呢?

10.1.1 软文排版清晰，小标题突出重点

通常，一篇成功的软文其排版是十分严谨、有条不紊的。我们可以想象一下，一篇连排版都不清晰的软文，不仅令读者思路混乱、阅读困难，还会给读者一种不真实的感觉。

一篇有影响力的软文，排版不可马虎。在写软文的时候，需要做到文章上下文连贯，你可以在每段话中加上一个小标题，突出文章的重点，让读者阅读时一目了然。

软文内容再丰富，如果没有好的标题也是无神的。标题是整篇软文的眼睛，也是软文的精华聚集，因此也是吸引读者最重要的一个布局点。标题是否具有吸引力，常常是软文推广能否成功的关键。

在语言方面也需注意，如果是需要说服读者的，那么，我们可以在软文中适当地加入“某某专家认为”“据某某媒体报道”“据某某机构称”等词语，来提高文章的分量。

在这里提醒大家一下，标题要有诱惑力，但切记不要成为标题党，以免让读者产生“挂羊头卖狗肉”、货不对板的感觉。

10.1.2 善用热门事件和网络流行语为话题

热门事件顾名思义就是指那些最新鲜、最热门且具有时效性的新闻。例如，“中国校车”和“郭美美”事件发生后，我们可以及时运用这些事件来作为软文的素材。“中国校车”事件可以引出“中国制造”等问题；“郭美美”事件可以拿来谈社会风气等问题。

2016 年 8 月，里约奥运会成为各大媒体关注的焦点。华为很好地利用了这个热门事件，在其官方微信公众号中有这样一篇文章吸引了很多人的关注。标题是：“里约奥运会，靠谱的除了 made in China，还有华为 GTS”（见图 10–1）。

软文通过里约奥运会事件来推广华为旗下的平板电脑。不得不说，策划者十分懂得利用热门事件作为话题，这篇文章很切合读者的阅读心理。所以，这篇文章是成功的。

图 10–1　善用热门事件为话题示例

因此，在写软文的时候，抓住热点，加入热点元素，可以让你的软文有看头，容易聚集人气。

利用热门事件，可以使软文更具吸引力，利用流行词句也一样。例如，“给力”“out”“世界那么大，我想……”“有木有”等网络流行语，在它们流行时使用会带给读者新奇的感觉，从而引起读者的关注。

2016 年年底，在网络上很流行这么一句话：“世界那么大，我想去看看。”于是，就有人利用这种文字体写了一篇这样的文章，“别人那么大，我想去试试”（见图10-2）。

流行的东西稍纵即逝，随着人们文化素质的提高，很多事物的流行度也会降低。因此，人们往往只会对一些新近流行的东西感到无比好奇，我们可以把握这一点，紧跟潮流，让软文的传播效果得到更大的提升，让软文更具穿透力。

总之，软文营销中善用热门话题和流行语，是提高软文传播率和提升产品销量的重要手段之一。

图10-2 利用流行语为话题示例

10.1.3 广告内容自然植入

没有植入广告内容的软文是一篇失败的软文，这是我们在写软文时，首先要明确的。在软文中植入广告可以提高产品的知名度，给产品带来销量。那么，为了能让产品在软文中突显出来，又不被消费者厌烦，在融入广告时需自然。长安汽车在2017年4月发布了一篇推广软文，其广告内容的植入就十分自然，让读者容易接受。标题是“震惊！四大名著又出新番，主角竟然是TA”（见图10-3）。

图10-3 广告内容自然植入示例

“红楼梦篇《黛玉葬花》，几日不见，林妹妹憔悴了许多，并非感花伤己，怕是剁手病又犯了！”引出长安汽车的优惠福利，接下来又写道："水浒传篇《武松打虎》，景阳冈上，行者武松如果畏畏缩缩，死守先训'三碗不过冈'，如何成就一世英名？"引出该出手时就出手……

这篇软文一开始用四大名著要出新番作为话题，引起读者的好奇心，在下面的行文中，长安汽车顺势登场成为主角，吸引人们继续阅读，很好地带动了长安汽车产品的后续销售。

因此，广告内容自然植入，可以让你的软文更具传播力，从而有力提高产品销量。

10.2 摸清楚软文常去的地方，做出选择

为了让软文的发布取得预期的效果，软文的发布渠道也十分关键。同样一篇软文，在不同的平台上发布，最终取得的效果可能会差太多。下面我们具体介绍几种常见的软文推广平台。

10.2.1 门户网站

所谓门户网站，是指通过向某类综合性互联网信息资源提供有关信息服务的应用系统。其优势在于：（1）用户群体庞大。用户群体庞大是门户网站快速发展的基础，也是其核心竞争优势。（2）发展空间巨大。（3）它是互联网的先行者，占据先行地位。（见图 10-4）由于门户网站用户群体庞大，每天需要花大量的时间和精力去编辑内容，内容可读性不高，如果是一个人开展软文营销的话，建议选择合适的推广平台。最常见的是腾讯网、搜狐网、网易网、新浪网、凤凰网等网站。

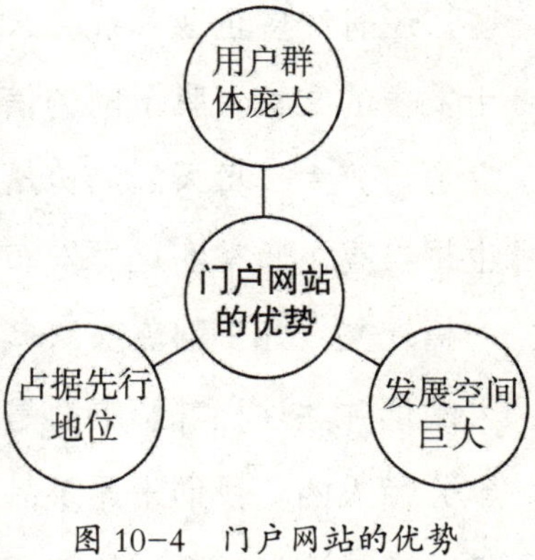

图 10-4　门户网站的优势

如腾讯网、新浪网或网易网常常会发一些有关新产品试用、用户角度使用感受的新闻，从用户的角度去说产品的使用效果，这的确是一种十分有效的推广方法。

我们以腾讯网为例来具体分析一下（见图 10-5）。

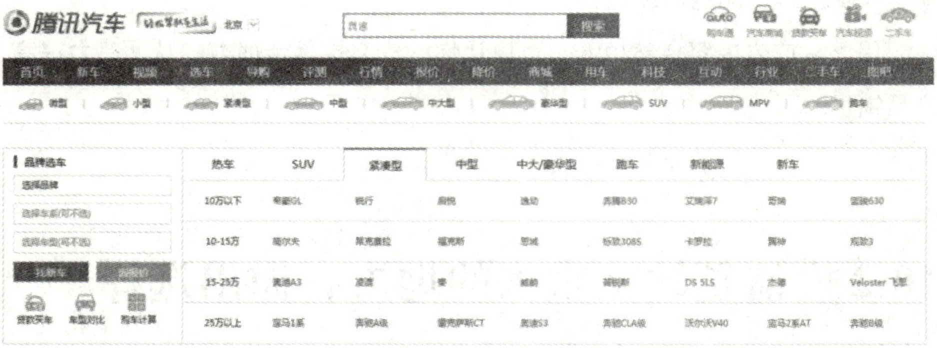

图 10-5　门户网站腾讯网展示页面

腾讯网是腾讯公司的一个综合性网站，有很多分类频道，如汽车、财经、体育、时尚等频道。不同的分类频道有针对性很强的读者群，例如，汽车频道主要针对的是 25 至 45 岁之间的读者群，尤其是男性，因为这个年龄阶段的读者有一定的经济基础。

腾讯网每天会不定时地发布一些娱乐、财经、体育等相关文章。除了这些，还有许多企业和社会人士发表的文章。腾讯网的信息量十分大，每天的浏览量也相当高，通常在这里发布一篇软文，几乎都能被众多人阅读并关注，其影响力是十分惊人的。我们来看某品牌鞋在腾讯视频频道的软文推广（见图 10-6）。

图 10-6　某品牌鞋的推广软文

这篇软文发布在腾讯网

视频频道，很受关注，其标题是“《速 8》飙车只过眼瘾，系列电影球鞋换不停”，并附有视频。

该软文的点击率很高，刚发布不到 1 个小时，视频播放量达到 800 多万次，数量十分惊人。因此，利用门户网站发布软文，可以在短时间内提高软文的影响力和产品的知名度，给产品带来可观的销量，这种方式很适合需要进行大众传播与推广的产品。

10.2.2 论坛

随着互联网的发展，论坛迅速发展壮大，涌现出了很多人气较旺的代表，例如淘宝论坛、猫扑论坛、天涯论坛等，这些论坛都是发布软文的好平台。其优势在于：门槛低，免费，在这类平台里沟通自由，宣传的力度也相对较大。但是，在论坛发布的文章稳定性相对较差，并且存活的周期短，权重较低。

来看天涯论坛中一篇名为“八一八冷门但很好用的德国护肤品”的软文（见图 10-7），点击量达 10 万 +，评论近 500 条，甚至吸引了很多软文作者到该帖评论，并加上了自己的推广链接（见图 10-8）。

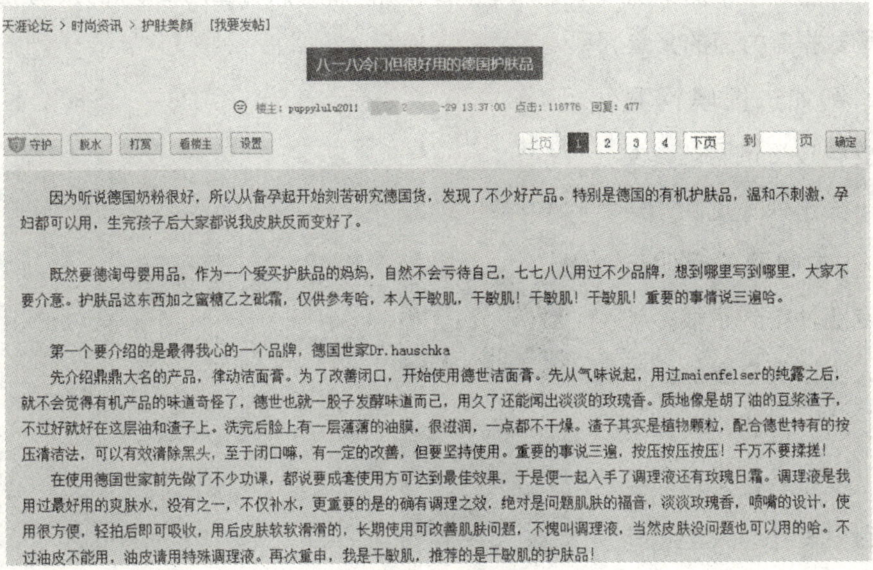
天涯论坛 > 时尚资讯 > 护肤美颜 [我要发帖]

八一八冷门但很好用的德国护肤品

楼主：puppylulu2011 -29 13:37:00 点击：118776 回复：477

守护 脱水 打赏 看楼主 设置 上页 1 2 3 4 下页 到 页 确定

因为听说德国奶粉很好，所以从备孕起开始刻苦研究德国货，发现了不少好产品。特别是德国的有机护肤品，温和不刺激，孕妇都可以用，生完孩子后大家都说我皮肤反而变好了。

既然要德淘母婴用品，作为一个爱买护肤品的妈妈，自然不会亏待自己，七七八八用过不少品牌，想到哪里写到哪里，大家不要介意。护肤品这东西加之蜜糖乙之砒霜，仅供参考哈，本人干敏肌，干敏肌！干敏肌！干敏肌！重要的事情说三遍哈。

第一个要介绍的是最得我心的一个品牌，德国世家Dr.hauschka

先介绍鼎鼎大名的产品，律动洁面膏。为了改善闭口，开始使用德世洁面膏。先从气味说起，用过maienfelser的纯露之后，就不会觉得有机产品的味道奇怪了，德世也就一股子发酵味道而已，用久了还能闻出淡淡的玫瑰香。质地像是胡了油的豆浆渣子，不过好就好在这层油和渣子上。洗完后脸上有一层薄薄的油膜，很滋润，一点都不干燥。渣子其实是植物颗粒，配合德世特有的按压清洁法，可以有效清除黑头，至于闭口嘛，有一定的改善，但要坚持使用。重要的事说三遍，按压按压按压！千万不要揉搓！

在使用德国世家前先做了不少功课，都说要成套使用方可达到最佳效果，于是便一起入手了调理液还有玫瑰日霜。调理液是我用过最好用的爽肤水，没有之一，不仅补水，更重要的是的确有调理之效，绝对是问题肌肤的福音，淡淡玫瑰香，喷嘴的设计，使用很方便，轻拍后即可吸收，用后皮肤软软滑滑的，长期使用可改善肌肤问题，不愧叫调理液，当然皮肤没问题也可以用的哈。不过油皮不能用，油皮请用特殊调理液。再次重申，我是干敏肌，推荐的是干敏肌的护肤品！

图 10-7 在论坛发软文示例

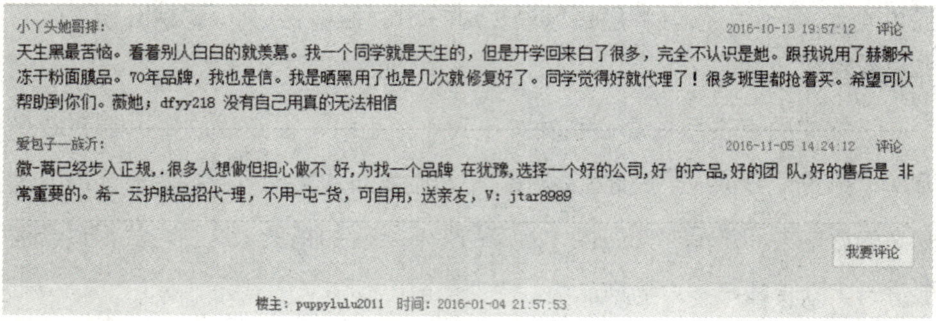

图 10-8　软文作者跟帖评论

所以，我们选择在论坛上发布软文的时候，一定要重视对热门话题评论，且评论要具备一定的见解，最好能在评论中自然植入推广链接，这样才可以使软文传播效果更好。

10.2.3 行业网站

每个行业都有在本行业内较为有影响力的网站，具有权威性。在这些网站上发布软文，容易被行业综合网站、行业公司网站转载。因此在行业网站发布软文是一个很不错的选择，尤其是发布一些有关行业的发展趋势、动态、市场数据等方面的文章。

例如，虎嗅网是商业科技资讯网站，发展十分迅速（见图 10-9）。虎嗅网的透明度和专业性得到了很多社会人士以及企业的认可和支持。因此，在虎嗅网上发布一些文章，会得到很多社会人士和有关企业的关注，甚至转

图 10-9　行业网站示例：虎嗅网

载。所以，在该网站发布商业科技相关的文章是一个十分不错的选择。

如 2017 年 4 月三星在虎嗅网为旗下的手机三星 Galaxy S8 发布了一篇推广软文，标题是“三星 Galaxy S8：不仅是旗舰，更为业界创新打开了新视界”（见图 10–10）。该软文有几万人次的阅读量，点击率很高。部分内容如下：

图 10–10　三星手机在虎嗅网的推广软文

从国内外媒体初步反馈来看，凭借突破性的工业设计、极佳的性能表现、顶级的拍照水准以及 Bixby 人工智能加持，三星 2017 年首款旗舰产品 —— Galaxy S8 / S8+ 已是征服了媒体挑剔的眼光，甚至有媒体喊出了：Galaxy S8/S8+ 创新加持，iPhone 已经无路可退，开始为下一代 iPhone 该如何创新出谋划策。

从诸多事实来看：可以说三星 Galaxy S8，不仅是旗舰，更是当下智能手机新高度，为业界创新打开了新视界。

设计不仅是华丽优雅，更是跨越式前进

谈及三星 S8 智能手机，最为引人注目，让人津津乐道的，当属其突破性的工业设计。汇总外媒评价，我们可以看到，对于此次三星工业设计的进步，外媒是不吝赞美。诸如 Techradar 称其设计给人愉悦享受，产品充满现代感；Cnet 称其给人的第一感觉是华丽时尚，超越了 iPhone 7 Plus; The Verge 在初步体验之后对其的评价为“是玻璃、金属及大屏幕的完美结合，有效地解决控制了曲面屏幕的误触情况”；而屏幕素质测试权威机构 DisplayMate 报告称"Galaxy S8 所使用的屏幕是我们经过实验室测试的最具创新性和高性能的智能手机显示器，赢得了 DisplayMate 最高的 A+等级"。

可以说从观感到屏幕素质，Galaxy S8 系列都赢得了眼光挑剔的国内外媒体的青睐。

而媒体之所以盛赞 Galaxy S8，不仅在于其超高的屏占比所带来的视觉冲击力，更在于其三星通过工业设计创新，调和了大屏化时代用户难以对智能手机有效握持（单手操作）的显著痛点。

众所周知，随着智能手机大屏化趋势的不可逆转。当下智能手机市场几乎所有智能手机屏幕都已是 5 英寸起步，5.5 英寸已是市场主流，更有甚者是将智能手机屏幕扩展至 6 英寸以上。而屏幕尺寸的不断扩大，随之而来的是：智能手机三围中的宽度与长度将不可避免地提升。带来的尴尬则是：消费者对于智能手机的单手掌控感变得越来越弱，单手操作已经成为过去式。以往，我们也看到各大厂商都在通过提升屏占比，推出单手操作模式等来调和用户单手操作困境，但从实际来看，智能手机三围（宽度与长度）暴增问题，依旧没有得到有效解决。

但这一次，三星 S8 则是颇为有效地解决了这一尴尬。

在 S8 上，三星使用 18.5 : 9 这种屏幕形态更为细长的双曲面屏幕，收窄了智能手机的屏幕宽度，而后通过提升手机屏占比，使其能够在更小的屏幕范围内拥有更大的屏显区域。二者的配合，使得 S8 有效地收窄了屏幕宽度而又避免了过长的机身长度，在三围上做了一次大瘦身。对比一下，我们就能看到 S8 系列带给其他产品的明显伤害。如果说 iPhone 构建了当前智能手机的基本形态，那么三星这次则是优化与调和了智能手机大屏化与用户握持感之间的矛盾，为智能手机工业设计的进步带来了一次跨越式的升级，将智能手机的工业设计硬生生地划出了一个时代。对于消费者而言，带来的实际意义则是在拥有更大屏幕的同时，拥有更佳的大屏把控感。

10.2.4 自媒体平台

互联网的普及，让自媒体的发展十分迅速，很多人和企业已经开始通过自媒体发布和传播软文。相比其他平台来说，自媒体平台最大的优势就是能及时地与读者进行在线沟通。但是，由于与读者沟通及时，对文章发布的数量有限制，例如微信公众号一天只能发布一篇文章。

自媒体平台有很多，常见的有微信公众号、今日头条、360 自媒体、博客自媒体、百度百家等。在自媒体平台发布软文容易被读者转载和分享，加速了传播覆盖面。

2017 年 3 月 25 日，知名微信公众号“咪蒙”发布一篇“为什么你的年薪，只是别人的月薪”的文章，2 小时就吸引了 7 万多人次的阅读量（见图 10-11）。作者是怎么做到的呢？其原因在于，作者利用微信公众号平台，及时与读者进行在线沟通，加上软文具有一定的思想性，有着作者独到的见解。可见“人和”加“地利”，软文不出众都难！

微信已成为我们生活中不可缺

中国联通 4G 16:37 50%
返回 咪蒙
为什么你的年薪，只是别人的月薪？
原创 2017-03-15 咪蒙 咪蒙

“其实你和年薪百万的人相比，差的就是格局。”

“工作太无聊了，想换一个，却找不到方向……”
“35岁了，同学都年薪百万了，自己还是不上不下的……”
“晋升好难，看不到上升空间了……”
这段时间面试，听到了很多跳槽的人的困惑和迷茫。
知道有传说中的职业天花板，但没想到来得这么快——弱弱地问一句，为什么体重没有天花板，摔啊。

图 10-11　自媒体平台发软文示例

失的一部分，所以，微信公众号平台已成为当下最火热的软文推广平台，利用好了其传播效果是十分惊人的。

10.3 软文发布的时间有讲究

很多人可能会说，软文营销就是在各大平台上发发软文而已。简单来说是通过发软文的方式来营销自己的产品。但是，在实际的操作中，不同的文章、不同的平台、不同的时段发布软文，产生的效果也往往不同。对于一名专业的软文营销人员来说，必须掌握好整个软文营销活动的时间节点。

10.3.1 掌握软文发布的黄金时间

报纸的出版周期通常是以天或者周来计算，杂志则多半是半月刊或者月刊或者季刊，电视、广播的周期一般是按天或小时来计算的，而网络新闻的发布周期是按分钟，甚至以秒来计算。因此，时效性对于软文特别是互联网软文发布来说是非常重要的。要想软文达到很好的营销效果，掌握软文发布的黄金时间是很有必要的。

对不同类型的软文（见图 10-12），其发布的时间也是有区别的。

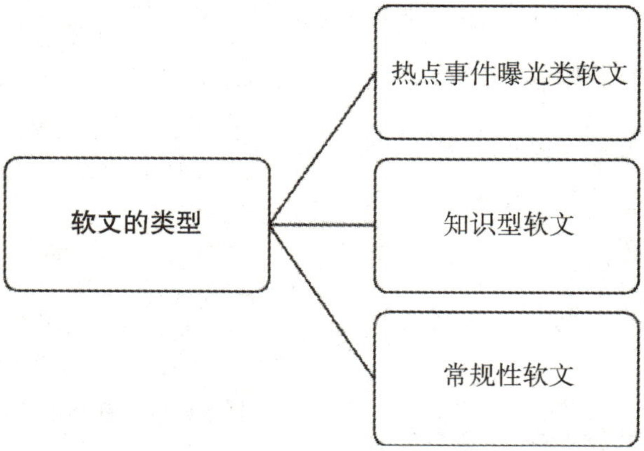

图 10-12　软文的类型

（1）热点事件曝光类软文。

这种类型的软文通常是以分秒级别来计算传播速度的。热点事件曝光型软文一般最佳的发布时间为：节假日或者某个特殊节日的夜间 11 点到次日 7 点。

因为在这个时间段发布新闻，能博得第二天新闻的头版头条。为什么很多娱乐明星事件都是在深夜，或者凌晨，或者是某个周六日爆出？这就很好理解了。软文结合热点事件来营销也要遵循这个规律。

我们可以把网络媒体作为热点事件曝光类软文的传播媒介，其优势在于信息量大、覆盖面广、存留时间长等。下面以微博文章发布时间为例来具体分析一下。

根据新浪微博商务部对微博用户活跃时间的调研数据表明，微博用户一周中的活跃时间有以下规律（见表 10–1）：

表 10–1　微博用户一周中活跃时间表

时间	用户状态	原因
周一、周二	相对较冷淡	用户在这个时间段往往面临比较大的工作压力，用户的心理正处于紧张期，对于微博的反馈并不积极
周三、周四	相对较集中	此时，微博用户已经进入了一周的稳定期，在对微博反馈的积极性上有明显提高
周五、周六、周日	最为活跃	其原因在于，周五用户正处于对周末的期待中，而周六、周日又正是周末的休闲时光，相对于发评论而言，他们更乐意进行简单的转发

通常周一、周二微博用户反应相对较冷淡：用户在这个时间段往往面临比较大的工作压力，用户的心理正处于紧张期，对于微博的反馈并不积极。

周三、周四微博用户互动相对较集中：此时，微博用户已经进入了一周的稳定期，在对微博反馈的积极性上有明显提高。但是，目前很多企业营销人员或相关人士对这两天的利用不是很充分，发微博的频率比例相对偏低。

周五、周六、周日微博用户最为活跃：其原因在于，周五用户正处于对周末的期待中，而周六、周日又正是休闲时光，相对于发评论而言，他们更乐意进行简单的转发。

我们再来看微博用户一天中的活跃时间段（见表 10–2）：

表 10–2　微博用户一天中活跃时间表

时间	用户状态	原因
工作日下班后的时间段（18—23 点）	互动十分积极	处于下班休息时间，处于放松状态
周末午饭后（13—14 点）与晚饭前后（17—20 点）	互动十分积极	处于周末休息时间，时间充裕
在周末的 23 点之后	相对较积极	周末休息相对较晚

依据上表可知，一般情况下，工作日下班后的时间段 (18—23 点) 其营销价值最大。周末午饭后（13—14 点）与晚饭前后（17—20 点）的微博用户互动十分积极，在这两个时间段里，不管是转发还是评论都比较积极。

在周末的 23 点之后，这个时间段仍然是用户积极互动的时间，原因是：周末休息相对较晚，23 点之后不管是企业微博还是个人微博仍可以得到较多的用户反馈。

在新浪微博有这样一篇文章很受关注（见图 10–13、图 10–14），该文章是在周末 14 时发布的，在发布后的 1 个小时内转发量近 2000 次，有 1719 个人点赞，不少人在该文章下面评论。

图 10–13　微博发布软文示例

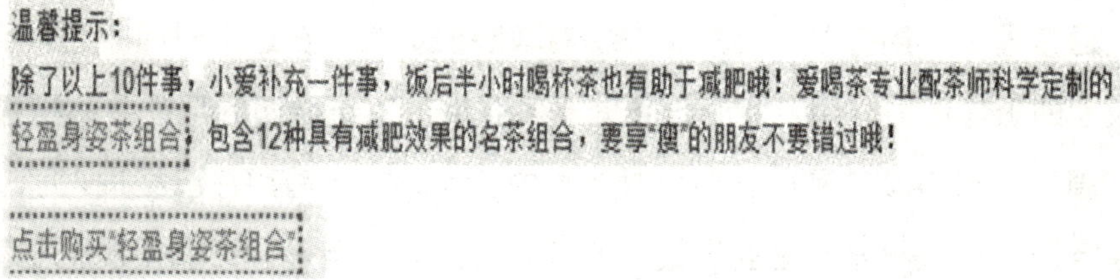

图 10–14　微博发布软文示例

这篇文章就很好地利用了微博用户的活跃时间，获得了很高的转发量和点赞量，不得不说，这篇文章很成功。

因此，热点事件曝光类软文的发布应尽量选择在用户活跃度高的时间段，这样效果会更好。

（2）知识型软文。

通常情况下，知识型软文相对于热点事件曝光类软文来说，发布的时间较随意，多半可以在读者休息时间发布。例如，可以在周末全天或工作日下班后 18 点至 23 点之间发布，因为在这些时间段读者处于放松状态，发布知识型软文更容易被读者转发。

例如，2015 年 8 月，借贷宝 APP 在搜狐网站发布的软文就很好地把握了这点。标题是“亲身验证：关于借贷宝不得不说的真相”（如图 10-15）。

图 10–15　知识型软文发布示例

该软文很好地利用了周末读者休息时间来发布，结果拥有 16 万多次的阅读量，1400 多次的评论。这种知识分享型软文，把握好发布的时间，被读者看到就很容易被转发。

（3）常规性软文。

一般情况下，常规性软文相对于事件营销性质的软文来说，其发布的时间要求就没有那么高。通常，我们可以以天为计算单位，一般在周一至周五早上的 9 点至晚上 6 点，其间都可以发布。因为，这个时间段里，搜索引擎相对比较活跃，而且，在这个时候各大媒体的工作人员都在线，在软文发布以后，很容易被网站收录并转载。

我们来看一下这样一篇文章（见图 10–16）。

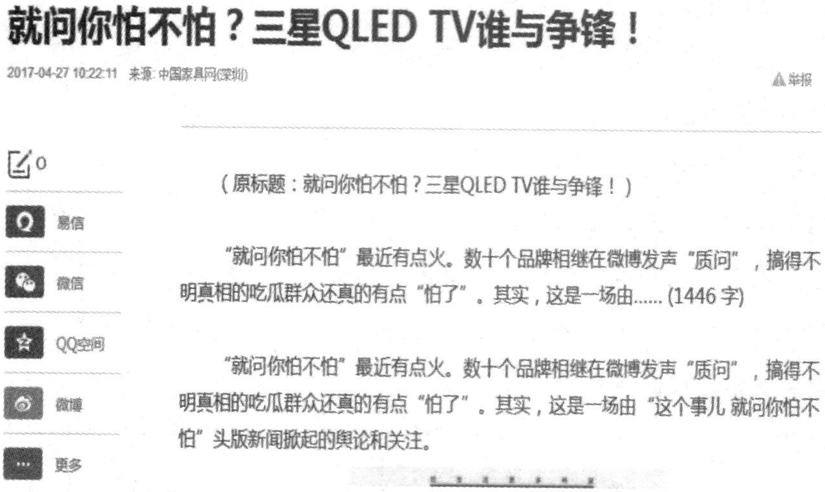

就问你怕不怕？三星QLED TV谁与争锋！

2017-04-27 10:22:11 来源: 中国家具网(深圳)

举报

0

易信

微信

QQ空间

微博

更多

（原标题：就问你怕不怕？三星QLED TV谁与争锋！）

“就问你怕不怕”最近有点火。数十个品牌相继在微博发声“质问”，搞得不明真相的吃瓜群众还真的有点“怕了”。其实，这是一场由……(1446 字)

“就问你怕不怕”最近有点火。数十个品牌相继在微博发声“质问”，搞得不明真相的吃瓜群众还真的有点“怕了”。其实，这是一场由“这个事儿 就问你怕不怕”头版新闻掀起的舆论和关注。

图 10–16　常规性软文发布时间示例

“这个事儿就问你怕不怕”十字头版新闻

随着各品牌的相继加入发声，“就问你怕不怕”语调一再拔高，产品过硬的厂商就可以底气十足地问一句：“就问你怕不怕？”

以彩电行业为例，众多品牌都只是昙花一现，而三星已经连续 11 年全球销量第一，未有衰退迹象，就可以问一句：“就问你怕不怕？”为了持续巩固霸主地位，今年三星还推出了全球首台能够对 100% 显色体积进行还原的 QLED 电视，是唯一推出无镉量子点电视的厂商。最重要的是，QLED 比 OLED 还不止多“一点”，就问你怕不怕？

在亮度上，由于主动发光面临材料衰竭的现象，OLED 电视的亮度一般都不会太高，大约在 500–600nit。而三星 QLED TV 峰值亮度能达到 1500nit 以上。在寿命上，由于 OLED 使用的是有机材料，使用一段时间后会存在降解的问题，俗称“烧屏”。而量子点使用的是无机材料，可以保证很长时间的画面稳定性。在广度上，三星的 QLED TV 已通过世界级测试和认证协会 VDE 验证，被成功认证为全球首台“100% 色彩还原”的电视，而 OLED 电视仍停留于宣传上的高色域阶段。

不过，王者气质的三星并未向行业同仁发出“就问你怕不怕”的质询，而是极具情怀地将目光转向了消费者，三星电子发布微博直指消费痛点：“总是错过至 in 技术，就问你怕不怕？”

这是三星 QLED 电视的推广软文，2017 年 4 月 27 日是星期四，这篇文章很好地遵循了常规性软文发布的最佳时间，被网易网站收录并转发。所以，在发布软文时，把握发布时间点很重要。

10.3.2 需要避免的时间点

或许很多人深有感触，在论坛或贴吧里发布一篇文章，没过多久就被顶下去了。其原因有两种：一是发布时间点没有把握好；二是文章内容没有吸引力。

那么，在发布软文的时候，需要避免的时间点有哪些呢？主要有两个时间点（见图 10–17）：

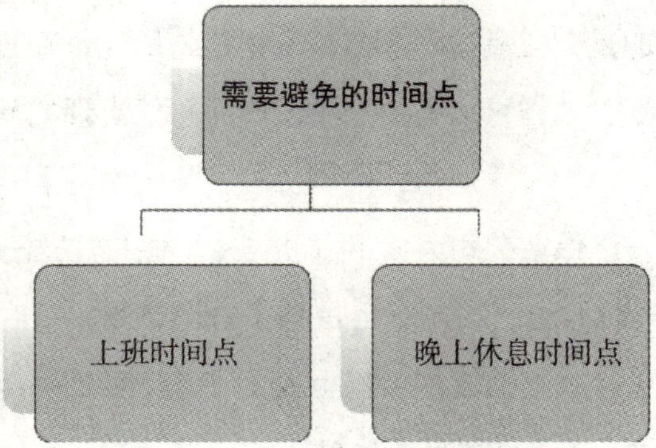

图 10–17　发软文需要避免的时间点

（1）上班时间点。

上班时间一般人都在忙于工作，在这个时间点发布的软文读者基本不太会去关注，特别是互动性要求高的网络媒体软文。所以，互动性要求高的软文，应尽量避免在上班时间发布。

（2）晚上休息时间点。

通常在晚上 11 点之后到第二天早上 7 点之间，这个时间段用户正处于休息时间，所以，在这个时间段发布软文效果不是很理想，因此，常规性软文应尽量避免休息时间发。

10.4 软文推广发布技巧大全

相比硬广告，软文的发布特别需要讲究技巧。大多数人以为，软文只要写完了，在相关的平台、渠道上发布就可以了。其实，软文发布远远没有想象的那么简单，其中蕴含着很多技巧。只有把握好这些技巧，才能让软文的点击量和转载量快速地增加。

10.4.1 提前做好软文广告发布计划

软文推广的目的是树立品牌形象与获取销量，因此，在推广时需提前做好软文广告发布计划。这样可以有效避免发布时可能出现的问题，降低推广成本。

下面我们来看一下保洁公司为旗下舒肤佳香皂做推广这一案例。

在 2006 年，当时力士已经牢牢地占据了香皂市场，后生舒肤佳在短短的几年里成功将力士从香皂霸主的宝座上拽了下来。我们可以看出，善于操作软文的企业在计划上的系统性和周密性。

在 2014 年，舒肤佳的软文广告计划比新产品上市早做了 3 个月。由于舒肤佳不同于其他产品，是一款观念性十分强的香皂产品，因此，需要做大量的市场观念引导和宣传。在 2014 年全年的广告计划中，舒肤佳的软文广告占据了 70%，规定每篇软文的文字不少于 800 字，并严格按照以下顺序依次发布：在产品上市前公关软文需完成发布，其炒作的周期为 1 个月；在产品上市后功能软文及时发布，上市后的推广周期为 1 个月。据 2014 年年底的香皂产品销售数据显示，舒肤佳市场占有率达 45.95%，比位居第二的力士高出 15 个百分点。

由舒肤佳的案例可以看出，提前做好软文广告计划是十分有必要的，也是软文推广发布的技巧之一。企业可以在软文发布之前做好软文发布的计划，部署好软文发布的平台，召集软文策划者来精心策划软文等，这些前期准备工作都会直接影响到软文发布之后的效果。

10.4.2 发布时和新闻粘在一起

我们时常会说成就某件事情需要“天时”“地利”“人和”之类的话，其实，软文推广也需要如此。在发布软文时把软文和新闻粘在一起，占据发布时的“天时”和“地利”，其效果会更显著。

这里的“天时”和“地利”主要表现在企业发布软文广告时对于发布契机的把握和对当时新闻热点的巧妙跟从。当新闻媒体在不断地“炒”某个重要话题时，这时，企业要快速做出应变，撰写出与此话题相近的软文，这就是人们常说的“跟风”。借助“天时”与“地利”，“把豆腐炒成肉”。

例如，2016 年 7 月，北方多个城市连续暴雨，各大新闻媒体都纷纷报道，于是，搜狐网在发布推广自家网站的软文时就很好地利用了这个话题。“雨天，就别出门了，你想看的，这里都有。”（见图 10-18）

图 10-18　发布时和新闻粘在一起示例

10.4.3 在媒体上购买传播点

一篇软文写出来后，即便再好也不会自己传播，我们必须通过多种途径把它传播出去，才能引爆自传播。我们把这足够数量的途径称之为“传播点”。

所谓“一传十，十传百”，如果软文推广要想达到百万、千万的传播量，就必须要有十万、百万的传播点，这个道理很浅显。就是这么浅显的道理，大多数人都不明白，很多企业的微博就只有几百人关注，却要求在微博发布的软文需达到百万乃至千万的点击量，这是不可能实现的。

软文广告要想达到一定数量的传播，我们可以在各大媒体上购买传播点。那么，在哪种渠道内购买，传播点的质量怎样，对于不同的行业，其具体的操作是不一样的。大家可以依据自己行业的特点，灵活运用。

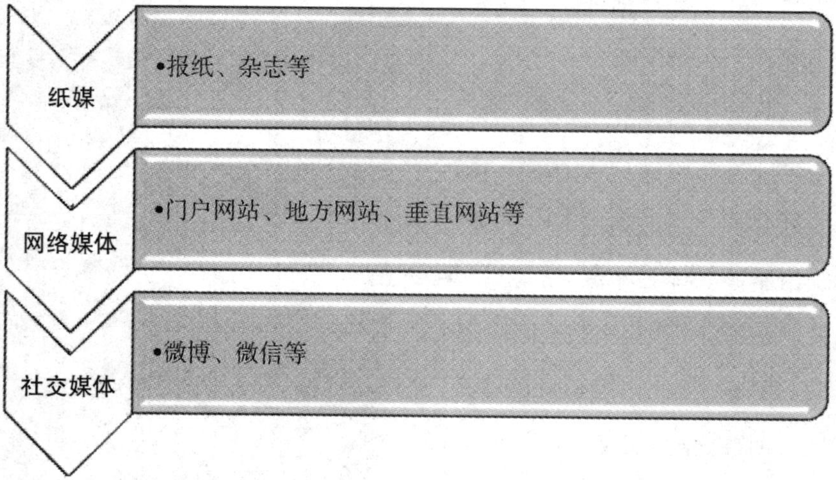

图 10-19　不同的媒体渠道

（1）纸媒。

我们可以购买一定数量的纸媒来发布软文，主要对象是报纸、杂志。随着互联网技术的发展，纸媒的作用越来越小。但是，它还是具备一定影响力的，尤其是一些垂直行业，在这类纸媒上发布软文，其效果比网络媒体要好一些。

通常，纸媒上的文章容易会被网络媒体转载，许多的门户网站尤其是地方门户网站都与报纸签订了内容使用协议。

我们可以通过杂志社、报社等平台购买传播点。一般情况下，纸媒的软文是按字数收费的，费用在每个字 1 元到 20 元之间，有少部分是按版面大小收费，大家可以自行选择。在发布时需注意，不宜发布太多，5 篇左右试验效果，之后根据效果来确定后面的发布数量。

（2）网络媒体。

除了纸媒外，我们还可以购买一些网络渠道的媒体，例如，可以在门户网站、地方网站以及垂直网站上购买传播点。发布在门户网站的软文，其质量足够高的话，很容易被中小网站转载。

但有一点需要强调一下，要选择可以信任的第三方平台购买频道页有入口的位置，最好是购买首页的位置，同时要避免软文有硬广告嫌疑。可能在价格上稍微贵点，但是效果是十分不错的。

切记不要购买那种 500 元就可以发布到四大门户网站的传播点。通常这种在网站首页和分频道首页都没有链接入口。也就是说，你必须要直接输入这个软文的网址或者说在搜索引擎上输入软文的标题才能找到相关软文，你在其他地方是找不到这篇文章的，这样效果不会太好。

（3）社交媒体。

在社交媒体上购买传播点主要是指在微博、微信上，我们可以有针对性地少量选择。要想软文能够达到最好的传播效果，需要在社交媒体上多发布，会有大量的普通网友帮助你传播。

我们可以依据产品的特性和软文的风格，选择合适的大 V 让其转发一定数量的文章；或者还可以让他们评论软文。需提醒大家一点，评论时最好要设置多个版本，有正面也有反面，一定要能引起读者的争论。

选择大 V 的渠道，可以通过微博的官方渠道，还可以选择第三方平台，二者各有千秋，大家可以根据需要选择。

10.5 软文已发不代表成功，维护更关键

很多人认为，软文发布后就没事干了，这个想法是一个致命性的错误。软文的成功，还在于发布后的维护。软文营销是一个漫长的过程，软文在发布后就算取得了很好的效果，也需要对这些软文进行维护。

我们以论坛为例，在论坛中，要想让一篇软文更大程度地曝光，你需要时刻关注，不断地回复、力推加精和有节奏地顶帖，否则就很容易沉底，软文效果就大大减弱。

10.5.1 软文发布之后还要保持互动

作为自媒体人，在发布软文后，与读者保持互动，其目的是为了让读者更好地记住你，记住你的公众号，查看你公众号的文章并转发，让他成为你的忠实粉丝；作为一个卖家或者商家，软文发布后与粉丝保持互动，其目的无非是让其产生购买欲望。

保持互动还是与用户沟通感情、建立信任关系的过程。对于软文营销人员来说，我们需要看重这个过程。

我们以微信朋友圈发软文为例，主要划分为两个部分（见图 10–20）。

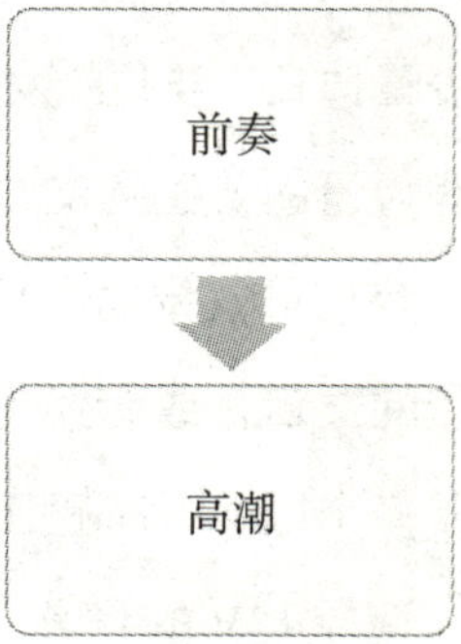

图 10–20 微信朋友圈发软文的两个部分

前奏指的是你在朋友圈发布信息之前的一些事情。

高潮是与读者和粉丝的互动与碰撞。这时候需要及时与读者进行沟通，通过回复读者的评论，与读者建立感情。例如当我们在微信朋友圈发布一个猜谜的话题，朋友圈好友在话题下留言答题。也

许有些留言会说：“这个答案是XXX，是不是啊？”在这个时候，你千万别把答案公布，要一笑而过，让他们接着猜。这样，大家的积极性才会被提起来。这时候，你可以适当地跟大家来说“猜对有奖”这样的话，大家的好奇心和积极性又会提高。

当然了，最终你需要公布话题的答案，象征性地给猜对的人一点小奖励。除此之外，你还需要公布下获奖者的名单，让读者在期待中结束这个话题。

不只是朋友圈需要互动，在公众号、贴吧、论坛里发布软文也需要互动。例如，年糕妈妈是一个母婴产品推广公众号，互动就做得非常到位（见图 10-21）。

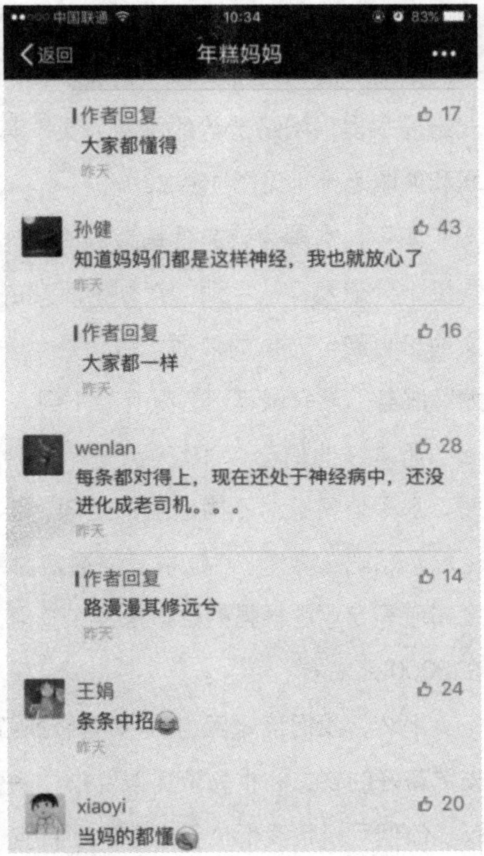

图 10-21　软文发布之后还要保持互动示例

这是一篇有关新妈妈如何选择宝宝用品的婴儿用品推广软文，作者对于读者的评论大多都有回复。这样不仅能让读者热情参与讨论，还能与读者建立信任，得到读者的认同。

10.5.2 水军评论不可缺

在互联网时代，软文营销十分盛行，各种品牌营销的软文传播都非常火热。为了更好地推广软文，必要时不妨使用“水军”营造声势，让软文传播更快更热，实现营销效果最大化。

什么是“水军”？我们可以分为两个群体来看：一是企业内部进行发帖、

跟帖、点赞、转发的工作人员；二是受雇于网络公关公司，主要以回帖和发帖的方式给雇主提供网络造势的网络人员，有专职和兼职之分（见图 10-22）。

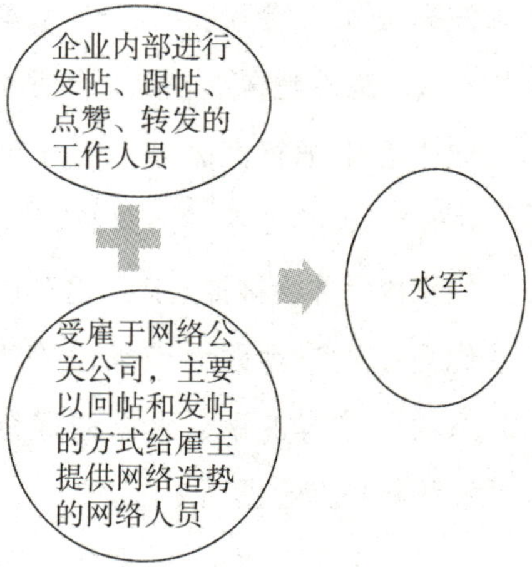

图 10-22　水军的两个群体

如今，水军为软文营销造势的运作流程已十分成熟，从早期的策划到后期的软文输出再到全方位的传播，可谓是“一条龙”服务。没有做不到，只有想不到。

通常，他们会以 10 天为一个宣传周期。水军公司针对不同企业的性质，会从论坛、贴吧、微博、QQ 群等渠道定时定量入手。相对高级一点的则会在百度知道等专业性很强的渠道来发布企业正向软文信息，预算每天的推广费用在 2000 元左右。

那么，我们该如何利用水军评论呢？很简单，只需要提供给水军公司事先准备好的软文和相关资料以及推广的预算金额，其他的交给水军公司就可以。他们可以帮我们进行专业的项目宣传推广，在后期，还会帮我们做关键词优化，很快，企业曝光率就上去了。

网络水军重点的“轰炸对象”是论坛。原因在于：论坛人气高，用户活跃度强，很容易引起用户共鸣，从而能快速增加企业或产品曝光度。通常，规模大一点的水军公司会有十几万的水军可以调遣，能够保证服务到位，让推广“水”到渠成。

网络水军在“舆情监控”和“舆论引导”这两部分的分工十分严谨。首先，他们会将企业所提供的宣传软文在一线论坛（如淘宝论坛、猫扑论坛、天涯论坛等）分散发帖，也会在各个城市的热门论坛里进行发帖。以 3 天为一期，每期发帖 200 个，随后会紧跟着 1400 条的跟帖或回复，有发有跟，相互呼应，预计推广费用在 1300 元左右，称为推广“预热”。

在发帖后，他们还会进行详细的数据分析，重点选出维护对象。他们会根据发帖反馈表，派一部分水军对几个重点链接重点维护。每天不断地对这几个帖子进行 1000 次左右的回复，从而把帖子“顶起来”。

只有回复还远远不够，每天还需要“自然地”不定量点击，制造出 20 万次点击率，像这种情况需持续 7 天才算一场论坛轰炸战。一般情况下，每发一条帖子的价格是 1 元，回帖相对较便宜，每条 0.5 元。推广费用整体算下来 6000 多元。

大家可能更为感兴趣的是，网络水军从哪里找到的?

其实不难，现在有许多推广网站和“兼职 QQ 群”，任何人都可以注册成为网络推手，在推广网站上为雇主完成发帖、回帖、转发等网络推广任务后，每完成一个任务就有几毛到几元钱的回报。

至于传播的具体做法也很简单，比如企业可以自己（或者委托网络水军）事先准备 1 到 3 篇带有企业或产品的相关链接的宣传性软文，上传到有影响力的论坛，切记一定要带有图片，在论坛中以“主题”的形式造势，紧接着，让水军公司派大量的水军进行转发与评论，转发与评论的次数可以在两三天内到 10000 次左右。

例如，在天涯论坛有这样一篇文章，先不看内容如何，该文章刚发出 1 小时，其评论（见图 10-23）就达到 1000 多条，可谓是惊人。

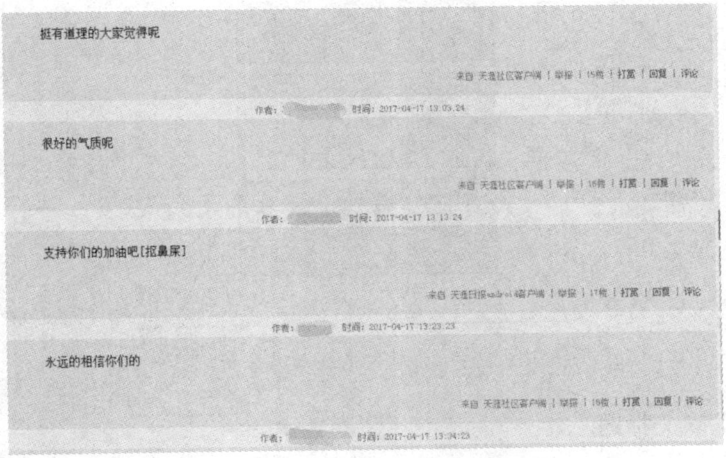

图 10-23　水军评论不可缺的示例

该文章就利用了水军来评论，将文章置于一个重要的位置，吸引了许多的读者来阅读。因此，适当利用水军来评论可以提高软文的影响力，更容易使读者参与其中，能快速提高软文的曝光率。

10.6 善于总结分析才能把软文营销做得更好

软文推广活动完成后，并不代表软文营销已经结束，还需要对软文营销进行总结和分析，整理出软文写作、推广中存在的问题，总结出软文的营销规律，为以后软文的更好策划、写作、推广打下基础。

10.6.1 软文表现效果分析总结

软文最终表现的形式是软文作品，通过文字的形式展现在读者面前。分析软文表现效果，就是对软文自身进行分析。那么针对软文自身的分析内容有哪些呢？我们可以从三方面入手分析并总结（见图 10-24）。

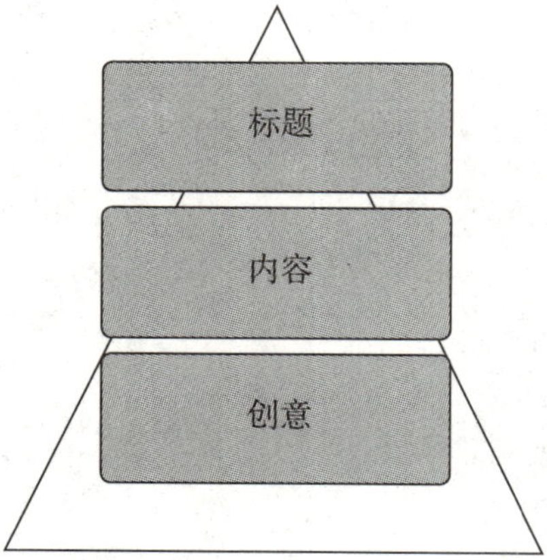

图 10-24 软文表现效果分析

（1）软文标题。

看一个女人漂不漂亮，通常我们先要看她的脸。而看一个女人的脸时，最首要是看她的眼睛。一篇软文好不好，用户首先看到的就是标题。所以，我们在总结的时候首先要看的就是软文标题，看它是否能抓住读者的眼球、是否有新意等。

在网络营销盛行的时代，各种软文和文案层出不穷，如果你的标题没有新意，不能够吸引读者，你的软文就没有点击率，自然就达不到营销的效果。

那么，如何进行标题分析呢？

首先，看标题中的关键词是否有吸引力；

其次，检查标题是否简单明了；

最后，看标题是否有噱头。

（2）软文内容。

事实上，软文的重心在于让你的软文内容激发读者的阅读兴趣，让读者真正地从生理和心理上产生共鸣，这样你的软文内容才是最优秀的。

在分析软文内容时，我们可以从这几个方面入手（见表10-3）：

表10-3 软文内容分析表

软文内容分析	
1	软文主题是否明确
2	是否能得到用户的认可
3	诉求的重点是否突出
4	软文内容与目标用户的关注点是否一致
5	是否能引起用户的注意
6	是否针对用户需求来展开分析

在分析软文内容时，你需要把握四点："新、精、透、真"。所谓的"新"，就是观点新颖；"精"，即内容言简意赅；"透"，看内容是否具有穿透力；"真"，看内容是否具有真实性。

（3）软文创意。

软文创意分析主要是对软文主题构思进行的分析过程，表现在三个方面：

看软文的立意是否有新意；

看在创新之余是否有感染力；

看能否准确并生动地突出软文主题。

对软文创意进行分析，有利于我们充分了解目标受众的有关意见和建议，使我们能及时调整、修正已有的创意，选择最佳创意方案，为写出更好的软文打下基础。

10.6.2 媒体接触效果分析总结

软文通过各大媒体传播给用户，但不同的用户接收软文信息后的反应是不同的。对媒体接触效果进行分析，可以总结出软文传播的效果。

传播媒体是连接目标用户与软文的桥梁。媒体接触效果分析包括两个方面的内容。

（1）媒体配置分析。

分析的目的：看媒体选择或媒体组合是否恰当。

分析的主要内容有：

①传播媒体是否选择合理，是否能增加效果、提高阅读和转发量，是否能被所有的目标用户所接触到。

②不同的媒体其传播优势能否互补，比如平面媒体和互联网媒体、重点媒体与辅助媒体。

③选择的传播媒体其覆盖影响力的集中点是否与软文的诉求一致。通俗来说就是指媒体覆盖的用户与推广软文的目标用户是否一致。

④近期软文的一些指标如转发量、阅读量、评论量是否有提高。

⑤媒体组合是否能降低软文的推广成本。

（2）单个媒体分析。

①平面媒体分析，主要针对报纸、杂志等。对平面媒体的分析有三方面：

首先，分析相关平面媒体的发行数量和范围；其次，分析平面媒体的特定用户群与软文的受众群体是否有关系；最后，分析阅读状况。

②互联网媒体分析，主要针对门户网站、社交媒体等。其分析方法有两种。

一是二次传播量评价法：主要是看论坛、网站等网媒上帖子的转发量（见图 10-25）。

二是流量分析评价法：主要看推广网站上的软文，为网站所带来的点击量（见图 10-26）。

通过媒体接触效果分析我们可以总结经验，找到更有效的软文推广方法，可以提高软文的营销水平，为实现更好的软文营销效果打下基础。

图 10-25　薛之谦微博的转载量示例

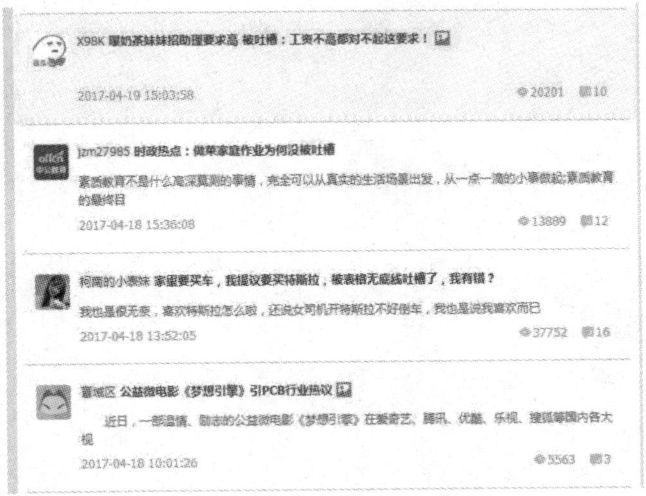

图 10-26　猫扑网上帖子点击量示例